はじめに

「完璧な片付け」は、もういらない

本書は、「ものを減らすことで、片付けや暮らしを整える」ための本で

ここで、さっそく問題。デデンッ！

「整理」「整頓」「掃除」のうち、**片付けにおける優先順位を答えなさい。**

問題

整理：不要なものを排除すること。
整頓：ものを元に配置すること。
掃除：表面上の汚れやほこりをとること。

テッテレー♩　答えは、並び順のとおり。**整理↓整頓↓掃除**、です。

この順番を守らずに家を整えようとしても、部屋は思うようにはなりません。

最初に「掃除」をしたって、ものが床やソファやらに散らばっていたら、掃除機が通りませんよね。

「整頓」しようにも、置き場がパンパンだったら、ものを戻せません。

だから、まずは「整理」。不要なものを捨てる、減らす。

「整理」さえできれば、その後の「整頓」も「掃除」も、べらぼうに簡単になります。

てか、「秒《びょう》」で終わる。


「捨てることに罪悪感を持ってしまう」

「手のつけようがないほど、ものがたくさんある」

「あとで必要になるかも……と思うと手ばなせない」

「思い出があるものは、捨てられない」

「片付けるそばから、ものが増えていく」

「片付けはできているものの、時間と労力がかかりすぎてストレス」

などなど、片付けにまつわる悩みはエンドレス。

でも私は、「**片付けは、不要なものさえ減らせれば『9割』うまくいく**」と思ってます。

まずは自己紹介

はじめまして。阪口ゆうこと申します。

本書を手にとってくださり、ありがとうございます。

「あんた誰？」と思う人も多いと思うので、少し自己紹介を。

「HOME by REFRESHERS」という収納・片付けをテーマにしたブログを2014年からスタート、2016年にはライブドア公式ブロガーとして、ライフスタイルジャンルにおいて年間1位を獲得。**今でも平均月間PVは250万を超えており、個人の片付けブログとしては、日本最大級のPV数**だと思います。うん、思います。

一方、リアルでも「整えアドバイザー」としてセミナーを開催。今はコロナでお休みしていますが、47都道府県において開催実績があります。

◈「捨てる」努力と「増やさない」努力

さて、整理すること、つまり捨てることに対して、マイナスでネガティブなイメージを持っている方、いませんか。

私はそうでした。いや、今もゴリゴリにそうなんだけど……。

ものに対して、愛着《あいちゃく》という名の「癒着《ゆちゃく》」がすごい。

どうしても、「手ばなすのはもったいない」と考えてしまう。

壊れたものを手ばなすのはともかく、まだまだ使えるものを手ばなすのは辛い。

「いらんから」という理由では、なかなかポイとは手ばなせませんよね。

でも、使わないものを捨てずに、ずっと置いておくなんて良くありません。

生きていれば、ものはかならず増え続けます。新陳代謝はどうしても必要。

だから、まだ使えるものを手ばなすとき、私はただただ捨てるのではなく、「すぐ飽きそうなものを簡単に買ってしまうループ」を断ち切るイメージを持つようにしました。

ようは、**手に入れるとき、慎重に選ぶ**ことにしたのです。
「『もったいない』と思いながら、捨てたときのこと」を思い出そう。
手にするときは、最期の手ばなすときのことまで考えよう。
今の私は、ものを増やすとき、そう思いながら選んでいます。

・家が片付かないということは、不要品がゴロゴロしてるということ。
・不要品がゴロゴロしてるということは、無駄な買い物が多いということ。
・無駄な買い物が多いということは、お金の使い方が下手ということ。
・お金の使い方が下手ということは、貧乏だということ。
・貧乏だということは、生活に追われて時間がないということ。
・生活に追われて時間がないということは、家が片付かないということ。

片付けの問題は、このループをどう断ち切るかの問題。

ものを捨てて、増やさない。つまり、「ものを減らすことができれば、このループから抜け出せる」というのが私の意見です。

ミニマリズム原理主義者こそ、ものに執着している

でも、当然これは私個人の意見。

幸せも、暮らしやすさも、生きる意味も、人によって違います。

ものが多いことで、安心や幸せを感じる人もいます。

私にとって、ミニマル思考な暮らしは心地よいけれど、「ヘイ！　みんなもミニマルライフやりなよ！」なんて思ったことはありません。


「ものを減らしたら幸せがやってきたよ」

「幸せになれるから、減らそう」

「ものへの執着を断ちましょう」


ミニマリストの中に、こう考える人は多い。怖い。控えめに言って、宗教チックだ。

でもこういうミニマリズム原理主義の人って、「ものを手ばなす」という心的マイナスアクションを起こしたのだから、「そのおかげで良いことがあった」と思いこみ

たいだけだと思う。

でもそれは、幸せの錯覚ではなかろうか。

暮らしやすさより、ものを減らすことが優先されるのは、違う。

「持ってた洗濯機や掃除機を捨てました」

（洗濯には体力も時間もかかるようになったけど、保有するよりいいや）

「洋服はほとんど捨てて、全部で10着にして、これ以上は持ちません」

（選ぶ楽しみは最小にして、いろんなシーンには対応できないけど、保有するよりいいや）

……ホントに豊かな暮らし？

ものが増えるのが怖い。ものが買えない。

それってむしろ、普通の人より、ものに執着してませんか。

結局、ものに囲まれた生活を好むマキシマリストもミニマリストも、どちらもものの量に執着していると感じています。

ものを減らせば、暮らしは高確率でラクになる

私もミニマリストですが、私のスタンスはこう。

「自分が管理できるものの適正量が少なめで、ものが少ないほうが暮らしの工夫がいらなくてラク。片付けるものも必然的に少なくなって、家事も簡素になるから、ミニマリズムという手段を取った」

つまり、**結果オーライでミニマリストになった**という、「**ゆる**」ミニマリストです。

まあ定義なんてなんだっていいと思うのですが（ここで、すでにゆるい）、大事にしているのは、「自分に必要なものと、その量を知ろうとしている」こと。

多すぎるものを減らしていったら、どんどん暮らしはラクになっていく。

がんばらなくても、何もかもはかどる。そりゃそうだ。

物理的に動きやすくなるし、ものの管理やメンテナンスも減るし、掃除もいちいちものをどけなくてよくて、べらぼうに楽チン。

探しものだってラク。てか、なくなる。「探しものの時間」という、この世でもっとも無駄な生産性のない時間がゼロになる。多くの労力が激減して、時間が増える。

でも、**少なすぎても暮らしにくくなるから、人それぞれの「必要なもの」と「適正量」を知ることが一番大切。**

だれしも自分だけの生き方があるのに、他人のミニマリズムを自分に当てはめてしまうと、どんどん暮らしが不自由になってしまいます。

そんなの、全然楽しくなーーーい。


やっぱり目的は、楽しく生きること。


そのための手段の一つとして、ミニマリズムという手段があるのだと思います。

もしあなたが、片付けで悩んでいて、「ものは少ないほうがうまくいく気がする」と思ってるなら、ぜひパラパラとでいいから、読み進めてください。

それで、目に飛び込んで来た言葉に共感できたのならば、今度はじっくり読んでほしい。

なぜならそれは、**私の片付け方が、あなたに合っているサイン**かもしれないから。


片付けに「完璧」はいらない。

本書があなたの片付けライフの一助になることを願って、さっそく本編開始！

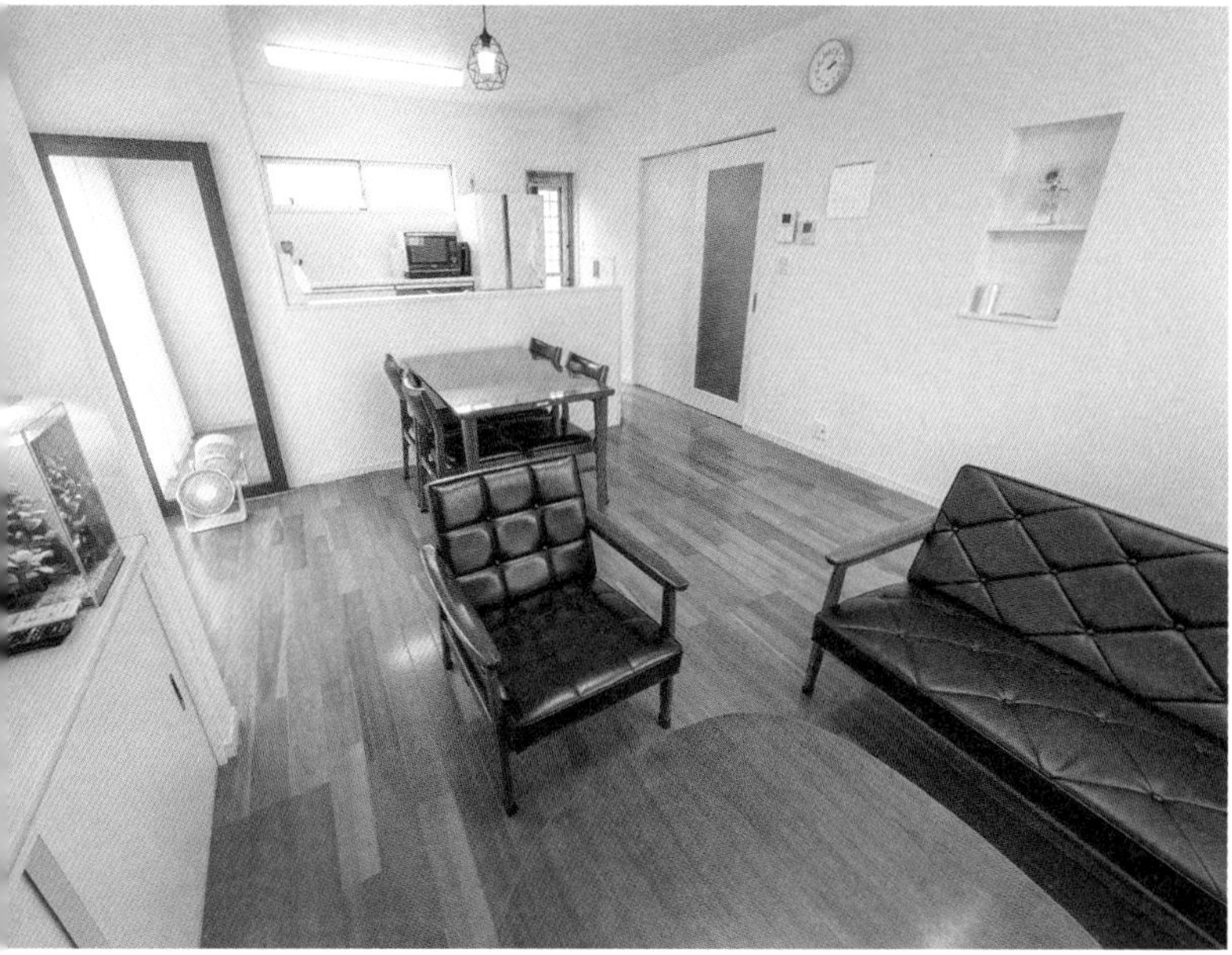

はじめに
「完璧な片付け」は、もういらない 003

第1章 「優しい人ほど片付けベタ」という私の仮説

「片付け→散らかり→片付け→…」のループから抜け出す 021
なぜ、片付け本を持っている人ほど片付けられないのか? 024
ミニマリズムにおける「もっとも大事な心構え」とは? 030
「片付けられない人」の6大特徴 036
「片付け脳」になるためのマインドシフト法 043

第2章
衣食住の「がんばらない」減らし方

「やる気ゼロ」でも掃除できる方法6選 049

習慣化に必要なのは「ゆるさ」
ハードルはぺったぺたに下げる 057

それでも捨てられない人のための「捨てワザ」 063

「収納グッズなんていらない」と思う これだけの理由 066

「まだ着られる」と「まだ着る」は全然違う 071

労力が激減する めんどくさがりのための「洗濯のコツ」 080

スーパーで誘惑に負けず「買いすぎない方法」3つ 084

片付けベタが「つい持ちすぎる」3つのものとは? 088

「片付けられる人」が持っている 共通の考え方 094

第3章 減らすときの「困ったあるある」Q&A

「ものを溜めこむ人」を変えようとしてはいけない 107
なぜ、災害にあった人ほど「ものを減らそう」と思うのか？ 114
「子ども」が驚くほど自分で片付ける3つの魔法の言葉 119
なぜ、ミニマリストでも捨てるのに「慣れてはいけない」のか？ 126
テレビ好きならテレビ持って何が悪い！ 130
「ものが多い＝貧乏、少ない＝豊か」そういうのマジ、どうでもいいっす 136

第4章
ものを減らすと「お金とか時間」でもこんないいことあった

「貯蓄が苦手」でもストレスフリーでお金が増える 145
「食」「体験」「出会い」で「死に金を使わない」コツ 150
心を満たす「無駄なこと」にたっぷり時間を使う 156
ミニマルライフの8大メリット「総ざらい」 159
でも、「人間関係」はミニマルにしない 166
15年…。
ミニマリストしてわかった 暮らしに「本当に必要なもの」 169

おわりに
結論、「片付けの極意」はどこにある？ 173

第1章

「優しい人ほど片付けベタ」という私の仮説

大事なのはいつでも、「もの」ではなく、
「自分」が主体になること。
昔は「ものが少ない私は幸せよ」
なんて思っていましたが、
そんなのはニセ幸福だった気がします。

「片付け→散らかり→片付け→…」のループから抜け出す

告白します。

私の部屋は、小さな頃からとっ散らかっていました。

片付けてはまた散らかり、片付けてはまた散らかり……そんな状態をエンドレスループしているカオス部屋だったのです。

「部屋がカオスだと、問題多し」でした。

何が問題なのかというと、**時間か精神力、もしくはその両方が控えめに言ってダダ漏れになる。**

他にも、集中力やら経済力やら忍耐力やら、あらゆるものを無駄に浪費してしまうのです。

ひんぱんにものが迷子になり、探し物ばかりで、時間の浪費。
体も心も休まる場所が部屋になくて、メンタルを消耗してしまい、精神力の浪費。
常に大量のものが視界にちらつき、集中力の浪費。
探し物が見つからなくて新たに購入し、経済力は崩壊。
だいたい、家に人を呼べないし、なんなら自分もそんな空間にいたくない……。
「嗚呼、そうだ外行こう。ここから逃げよう」と、忍耐力も崩壊。ボカーン！

長年、そんなふうにパワーと時間を無駄に費やしてしまっていました。
そして思い返して一番怖かったのは、それが当たり前の感覚になっていたということ。
私の人生はどうせこんなもん……。
そうなってしまうと、もう簡単には抜け出せません。

◈リバウンドは何で起こる？

でも、ずっと考えていました。

片付けても片付けても、なんで毎回リバウンドするのかな……。

もちろん、部屋を片付けたときは、「もう絶対に部屋を散らかしたりしない！」なんて固く決意をしているのです。

それでもすぐに散らかってしまうわけで、そうやってリバウンドを繰り返していると、人間はどうなると思いますか？

「またどうせすぐ散らかるんでしょ、てやんでえバーローー！」

と、カオス部屋になる未来を先回りして想像する。そして、闇雲かつヤケクソになって、あきらめに近い印象を抱きながら、部屋を片付けるようになるのです。

こんな絶望に近い考え方で部屋を片付けたところで、きれいな部屋をキープできるはずがありませんよね。

なぜ、片付け本を持っている人ほど片付けられないのか？

ある日私は、一念発起しました。


「これを人生最後の片付けにしたい」

「もうカオスに戻りたくない」

「家の片付けをして、仕事も家事もスムーズにして、人生変えたい！」

そう決意をして、

「誰でも」

「簡単」

「すぐに」

から始まる、わかりやすいタイトルの片付け本や雑誌を買いあさりました。そこに書いてあることを実践して、バカみたいに毎日必死に片付けをしてみたのですが……。


「私だけができないの？」

「簡単が難しいんですけど！」

「すぐにどころか、ゴールが見えない……」


という挫折だけを味わうことに。チーン。


しかし、その日は突然やってきました。阪口の運命を大きく揺るがす日が。

カオス部屋からの脱却のヒントは、哲学者が与えてくれました。

買いこんだ収納本に載っていた、ニーチェの言葉が目に飛び込んできたのです。

You have your way.
I have my way.
As for the right way,
the correct way,
and the only way,
it does not exist.

あなたにはあなたの
やり方がある。
私には私のやり方がある。
正当なやり方、正しいやり方、
唯一のやり方、
そんなものは存在しない。

「ニーチェ氏！」

思わず叫んでた。

「私が言いたいのはコレだ！　自分のやり方は自分で決めていいんだ！　暮らしは自分たちで決めていいんだ！」

控えめに言って、めちゃんこ痺《しび》れた。

かっこいいぜニーチェ様！

「我が家だったら…」と変換して思考

生まれも、育ちも、仕事も、趣味も、本の著者とは全然違うんだから、自分に合ったやり方を見つけないとだよな。

そう気づいたのです。

それから少しずつではありますが、誰かの片付け方を見ても、**「我が家だったら……」と変換して我流で考える**ようになり、今では整った家がどうにか維持できています。

これもすべて、試行錯誤した片付けの工夫と、それ以上に「ズボラなり」の血と汗と涙の努力の結果だと思っています。

「はじめに」で、述べたことを繰り返しましょう。

- 家が片付かないということは、不要品がゴロゴロしてるということ。
- 不要品がゴロゴロしてるということは、無駄な買い物が多いということ。
- 無駄な買い物が多いということは、お金の使い方が下手ということ。
- お金の使い方が下手ということは、貧乏だということ。
- 貧乏だということは、生活に追われて時間がないということ。
- 生活に追われて時間がないということは、家が片付かないということ。

片付けのキーは、このループをどう断ち切るか、ということ。

「不要品がゴロゴロしてる」のであれば、まずはものを減らせばいい。

これが、私がミニマリストを目指した理由でした。

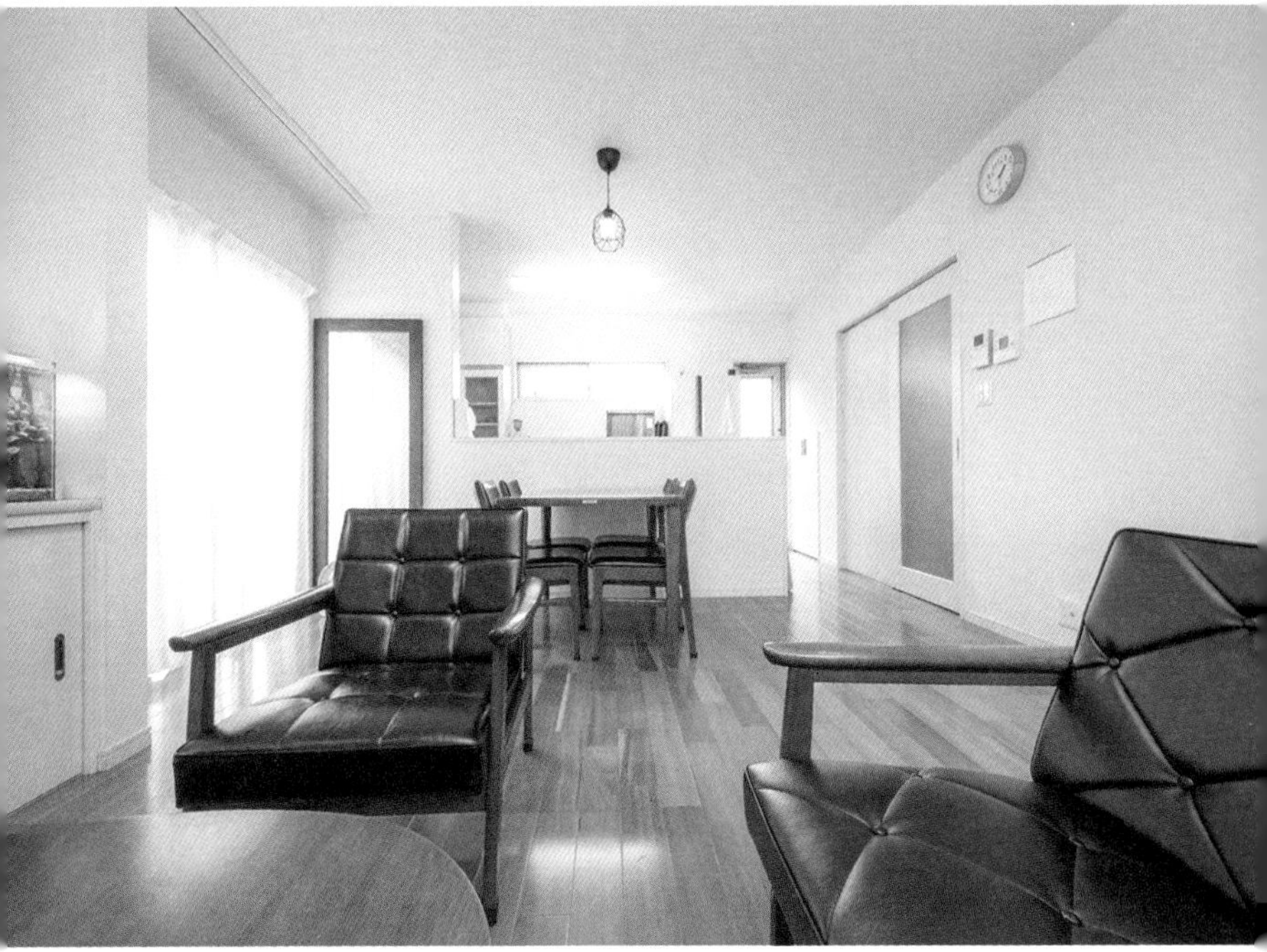

15畳のLDK。
「広く見える」とよく言われますが、実際は狭い。
でも、小さくて扱いやすいこの家が大好きです。

ミニマリズムにおける「もっとも大事な心構え」とは？

ミニマリズムとは、最小限主義のこと。

なので、無駄をとことん排除しなければならない。

ミニマルな暮らしをストイックに目指すみなさんは、ここにこだわるあまり、なんでも捨てて、数の少ない状態をキープしなければいけないと思ってしまいがちです。

でも、それは誤り。

大事なのはいつでも、**「もの」ではなく、「自分」が主体になる**ことです。

捨て始めのころは、どんどん暮らしが良くなっていきます。

物理的にスペースや動線が確保されていき、障害がない状態になっていくのです。

嗚呼、ものが少ないと、私はこんなにもスムーズに動かせていただけるのね……。

そうなってくると、いつの間にか暮らしの主役が、「自分」ではなく「もの」に移行し始めます。

ものを持たなすぎるのも、ものが多すぎるのも、主体が「もの」という意味で、さほど変わりがありません。

どちらも、ものに執着している。

「はじめに」にも書きましたが、ミニマリズム原理主義者とマキシマリストは表裏一体だと思います。

と偉そうに分析しつつも……時に人間はトランス状態に陥るわけで、私もゴリゴリに「ミニマリスト」を患《わずら》ったひとり……。

ものを極限まで減らした結果、今度はものを増やすことに恐怖すら感じてしまう状態。

「わーいわーい、捨てれば捨てるほど、家がガラーンとなっていくぅ！」なんて思っちゃう、いわゆる「捨てハイ」というやつです。

「嗚呼、買っちゃった！」

「増やすなんて、私ってダメな奴！」

そんなふうに自己否定をしながら、とにかくものを捨てて、「ものが少ない私は幸せよ」なんて思っていましたが、そんなのはニセ幸福だった気がします。

ミニマリズムは選択肢の一つでしかない

私は、自他ともに認める物欲のかたまり。

なので、そんな欲求を抑え込みすぎず、もっとゆるく親しみやすく、穏やかにものと向き合いたいのです。

ものの量に縛られ過ぎた人生なんて、暮らしやすいとは言えない。

こう考えるようになっていき、暮らしやすさのために、私は「ゆるく」ミニマルでいたいと思うようになりました。


「私はミニマリストよ！」といったら、その人はミニマリストだと思う。

ミニマリストとは、一つの考え方でしかありません。

その人の持っているものの量が最小限かどうかなんて、他人にはわかるはずがないもんね！

この先どうなりたいのか。どんな暮らしが理想なのか。

それを目指す通過点や過程に、ミニマリズムという一つの選択肢があるだけです。

それに、みんながミニマリストになったら幸せになれる、なんてこともありません。

んなもんは、人による。

ただ、ミニマリズムを選択したことで、自分にとって必要なものと不要なものを理解したり、手ばなして得ることがあったり、気づきはたくさんあるので、理想の暮らしに近づくことはできると思います。

私自身も、そんなふうに感じることはたくさんあります。

大切なので、もう1回言います。大事なのはいつでも、「もの」ではなく「自分」が主体になること。

そして、自分に合った片付けを考えること、なのです。

照明なのにスピーカー。スピーカーなのに照明。
いつも２役ありがとう。

「片付けられない人」の6大特徴

ここで、私が感じた片付けられない人の特徴をまるごと洗い出します。

当てはまってしまう人は、「自分もカオス期の阪口と似たような面がある」という危機感を持ちましょう。

自分自身の特徴に気づくことができれば、日常のちょっとしたときに、「あ、こういうところが私はできないんだ」とわかって、対処することができるかも。

さーて。無駄に元気に明るく「片付けられない診断」をやってみましょう！

❶物事を後回しにしがち

「このぐらいの量の洗い物やったら、すぐできそうやな……後でやろう」

「ここを片付けるのなんて余裕余裕……。だから、先にテレビを観よう」


あはは……私はコレ、今もかなりあります。


でも、「やらなきゃいけない」は、後回しにしても「やらなきゃいけない」のまま。「やらなきゃいけない」状況は、動かざること山のごとし。

むしろ、**後回しにすればするほど、面倒くさくなってしまいます。**

そもそも、片付けに対して、「やらなきゃいけないだるいこと」というイメージを持ってしまっているので、そこから変えなければいけません。

❷350㎖と500㎖の飲み物で、コスパいいからと500㎖を買う

足りる量の自覚がゆるい。

これ以外にも、必要な量以上が入ったお徳用を買ったり、不要なオマケ付きを選んだりする人は、ものを増やす傾向にあると阪口は見た。

❸とりあえず隠せたらOKとしている

たとえば、たくさんの衣類を、見栄えが悪いからとクローゼットに適当に入れてしまっていたりしませんか。

臭いものには蓋を、の精神ですね。

見えなかったらノーカウントにしてしまう考え方は、一見整ってるように見えます。

でも、大事なのは**「しまう」**ことよりも**「使う」**ことです。

見た目ばかりを気にした片付け方法では、「使う」にフォーカスした時、全然笑顔になれません。

❹片付けられない理由を探す

「片付けたいけど、うちってまだ子どもが小さいやん」

「時間もないし、ほかにやらないといけないこともあるし」

こういうお方は、**聞いてもいないのにできない理由がどんどん出てきて、結局行動にはうつしません。**

言葉と行動では、圧倒的に行動が本音。

心の奥では実は、変わりたくないと思っているのです。

❺時間をかけず、結果をすぐに求める

短時間で結果を求める片付けは、ダイエットでいう「〇〇だけダイエット」とか、短期集中型減量と似てる。

そんな片付けを好む人もいますが、一時的にすごく素敵になっても、それをキープするのは困難でしょう。

重要なのはスピードではありません。

習慣にすることです。

❻自己紹介で過去のことを話す

「あなたのことを教えて」と言われたら、なんと答えますか？

片付けられる人は、今どんなことをしていて、これから何をしたいかを話します。

それに対して、**片付けられない人の多くは、生まれや育ち、これまでどんなことをしてきたかを話します。**

過去に重きを置く人は、片付けが苦手な人が多い。

……いや、マジよ、ずっと話しながらカウントしてきたんだから（以上、阪口調べ）。

これは長くなるから、次の項で話すわな。

大好きなビールも350㎖で十分。
重要なのは「それで満ち足りるかどうか」
本音は500mlがいいですけど（笑）。

阪口の家にはバリバリにテレビがあります。
ミニマリストにテレビは要らないという人もいるが、
好きなら素直に持つのが「ゆるミニマリスト」流。

「片付け脳」になるためのマインドシフト法

つまり、片付けられる人は「未来」のことを話し、片付けられない人は「過去」のことを話すということ。

そこで阪口は考えてみた……そして、割とすぐに、頭にある考察が浮かんだ。

片付けられる人は、過去に重きを置いてなくて、未来に興味があるから、今まで持っていたものや過去をいさぎよく片付けられる。

反対に、片付けられない人は、過去をとても大事にしている。

思い出を大切にして、人を思う気持ちも深く優しい。

だからこそ、ものにも情があり、捨てるというと悲しい気持ちになってしまい、捨てられなくなってしまう。

私はというと、ずーっと後者でした。過去に重きを置く、片付けられない人。ものにも情があり、まだ使えるのに捨てるということは絶対によくないと考えていたのです。

たしかに、自分の過去や、持ってるものには、優しくてよかったかもしれない。

過去より現在や未来を大切にする

でも、生きていれば、ものはどんどん増えていく。

捨てなかったら、ただただ増えていくだけなのです。

過去の自分や過去のものも大事。

だけど、それよりも今の自分やこれからの未来の暮らしをもっともっと大事に、優先してあげないといけないんじゃないか？

過去に優しく、ものに重きを置くことによって、未来の暮らしや自分が悩んだり苦しむなんて、ちゃんちゃらおかしいぞ！

こう考えるように変わってからは、過去よりも未来、ものよりも自分を優先するようになりました。

マインドをシフトチェンジできればこっちのもんです。

あなたは、片付け脳になってるはずです。

時々、夫が「お前らはローンがなくていいよな」と
話しかけているペットの熱帯魚。

第2章

衣食住の「がんばらない」減らし方

一番に捨てるのは、
自分への期待と過信。
習慣化に近道なんてありません。
片付けも、家事も、暮らしも、
一生かけて育むものなのです。

「やる気ゼロ」でも掃除できる方法6選

さて、みなさんは、掃除がお好きですか？

「毎日やりたいんだけど、できないんだよね」

なんて、やさぐれている方も多いのではないですか。

阪口の本を手にとってるくらいなんだから、家事のやる気が最初から能力として備わっている人は少ないと思います（失礼）。

なかなかやる気がわいてこない日もありますよね。

もしかしたら、そんな日のほうが多い人ばかりかもしれません（失礼）。

阪口の本を手にとってるくらいなんだから（2回目）。

「毎日掃除をできるようになりたい！」

と思っても、ほとんどの場合が三日坊主で終わってしまうもの。

だいたい、これまで思いついたときくらいしか掃除をしてこなかった人が、そんな簡単にやる気が続くはずがありません。

私はその代表みたいな人でした。

いかに、片付けや暮らしに重きを置き始めてからも、私がどれだけ失敗を繰り返し、思考錯誤したかって話ですよ（あ。今、私がぶっちぎりで一番やさぐれていますね）。


ここでは、どうにかこうにか毎日の掃除が継続できている私が、やる気が起きないときにしていることをご紹介します。

❶ 5分チャレンジ

5分だけやってみて、それでもダルかったら、5分でやめてしまいましょう。

たとえば、マグカップの漂白をしながら、シンク周りの掃除を5分だけがんばる。

5分やってもダルかったら、今日はそこまでにします。

つまり、ハードルをぺったぺたに下げてしまうのです。

やる気がないまま続けていても、効率が悪いだけ。
ですが、いっぺん試してみてください。
これ、とっても不思議なんです。
やる気が出なくて動くのがダルいのは、最初の数分間だけ。
それをクリアできたら、一気に勢いがつきます。
残念ながら、やる気は待っていても向こうからはやってこない。
強制的に5分間働いてみるだけで、やる気にポッと火がつくのです。

やる気のなかった5分前の過去の自分よアディオス。

やる気は、こちらから迎えに行く方が早い。

❷ 音楽に背中を押してもらう

この曲を聴いたら、「今日もやりますか!」ってスイッチがオンになる、そんな曲がきっとあるでしょう。私の場合、阪口特製『オレ的家事用プレイリスト』が耳に入れば、自然と掃除機を手にしています。

掃除機がグアーーーーーッて鳴ってるときは、曲はほとんど聴こえないですけど。

それよりもスタートが肝心なわけ。

音楽は耳で聴くもんじゃない、ハートで聴くもんだ！

とにかく、イントロがかかればテンションが上がるような大好きな曲って、誰しも1曲くらいあるはず。音楽という文化は偉大なり。

苦手なことに好きなことを合わせると、「面倒臭い」が中和されます。

③家事が終わったら自分に素敵時間を与える

裏ワザでもなんでもない、超古典的な甘やかしです。

小さい頃に散々親から繰り出された技ですが、これを自分で自分にする。

コーヒーと頂き物のお菓子をチビチビ食べる至福の時。この時間をニンジン代わりに、馬車馬のごとく動いているのが私。


褒美や、褒美！ご褒美もってこんかーい！

❹中途半端な状態で片付けをやめる

何日もかけて、一部屋まるまる片付けやら模様替えを伴うような、スケールの大きな片付けをしている人にとくにオススメ。

大体の人が、区切りのいいとこまでやっちゃおうなんて思いがちなのですが、それは甘い。非常に自分に甘い。

何が甘いって、**普段面倒くさがり民なのに、翌日もやる気があるなんて夢みちゃダメ。**

キリのいいとこまでやっちまったら、

「次は来週にしとこっか〜」

「次やる気が出た時でいっか〜」

なんてなってしまう（私は確実になるぞ！）。

でもね、後ろ髪を両手でグイグイ引かれるくらい中途半端なとこでやめてしまえば、気になって気になって仕方ないってもんです。

翌日、どうしてもそこが気になってしまって、すぐに続きからのスタートとなり、一気にやる気に火がつきます。

⑤とにかく小さなアクションを起こす

膝にかかってたブランケットをたたむ。

今まで読んでた本を重ねる。

ただその場で立ち上がる。

なんでもいいので、その場でできるような、小さな小さなアクションを起こす。

すると、「もう少しやれるかもしれない」と思って、少しずつ大きなアクションにつながっていくのです。

歯磨きが面倒だなと思っても、洗面所に行って歯ブラシに歯磨き粉までつけたら、後戻りができなくなって歯磨きしちゃうのと同じ。

疲れて晩御飯を作る気が起きなくても、冷蔵庫から食材を出しちゃったら後戻りできなくなって、そのまま晩ごはんまで作っちゃうのもそう。

誰にでも、「ここまでやったなら、もう最後までやっちゃえ！」となるラインがあります。

そこまでいけば半分自動的に動けるようになるのですが、そこまでは自分自身でやるしかないのです。

でも、逆に言えばそのラインまで自分を動かせたら、あなたの勝利なのです。

❻ 掃除の初動を引き起こすアイテムを、目に見える場所に配置

我が家の掃除の第一走者・ハンディモップは、我が家のサンクチュアリことリビングソファゾーンの真正面に鎮座《ちんざ》してます。

朝、家族を見送ってソファに腰かけると、

「オイ！ 掃除はどうした？」

と言わんばかりに、それはそれは愛くるしく視覚に入ってきて私を呼ぶのです。

そして、嫌々でも渋々でも手に取ると……。

握ったが最後、当たり前のようにその場をサッサ……、ついでにその隣もサッサ……、「あ、テレビの裏側もやっとこっかな」サッサ……。

そこからは操り人形のごとく、次々と棚や窓にハンディモップをかけ、あっという間にハンディモップは終了。

ここまでやったら、掃除機もかけないともったいない！ なんて気持ちになります。

誰も私を止められはしない。

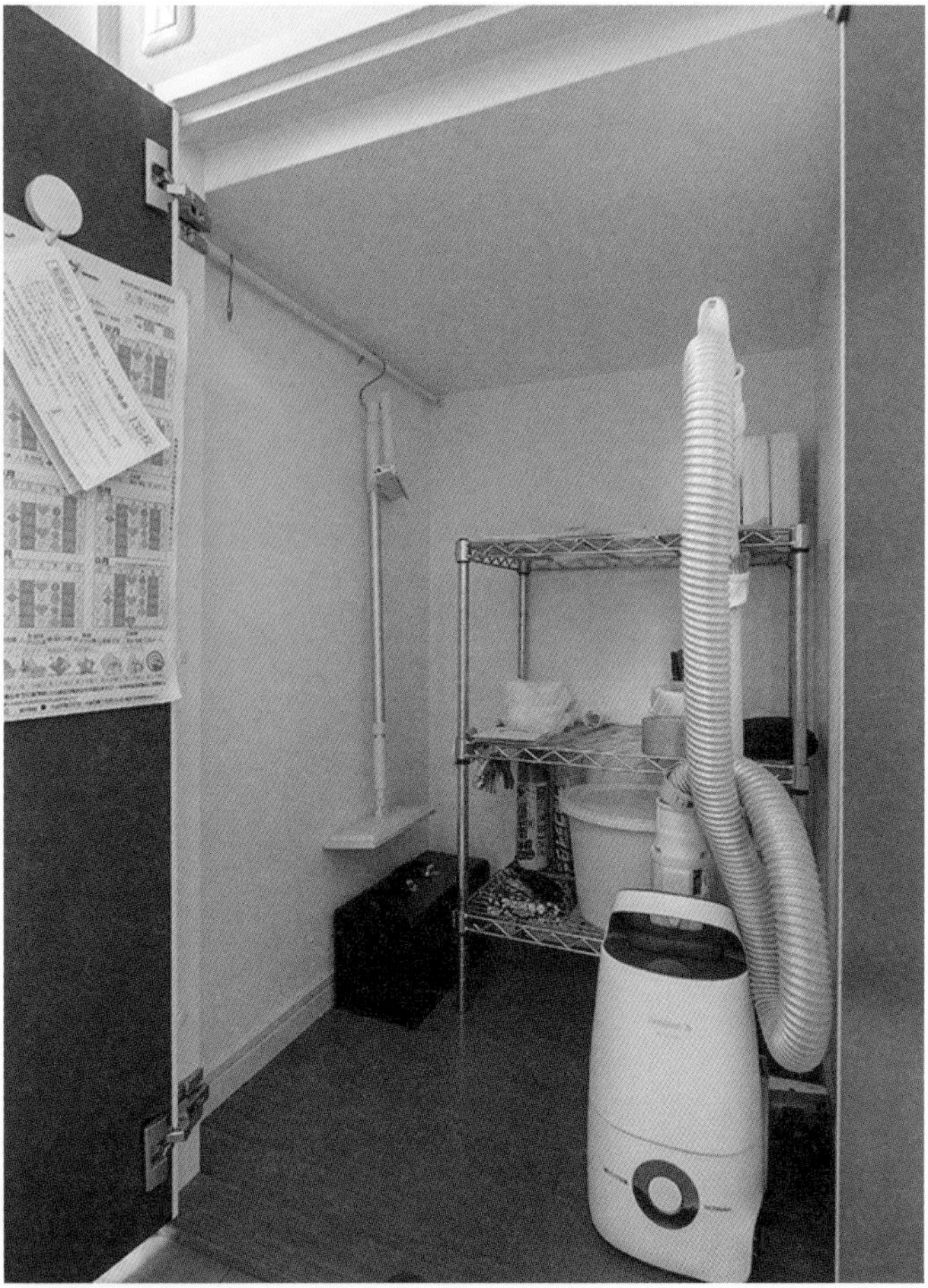

生活に必須なアレコレは、
「生活感ゴリゴリ」に収納するのがいちばん使いやすい。

習慣化に必要なのは「ゆるさ」ハードルはぺったぺたに下げる

片付けを続けられず、挫折してしまう人に足りないもの。
それは……「ゆるさ」です。
片付けは、一度整ったら終わりなんて甘いもんじゃない。
片付けとは、継続するもの。
それなのに、**大体の人が毎日続かないのは、毎日の片付けのハードルが高いから。**
これに尽きます。

「毎日10分、片付けの時間を捻出するぞ！」
「捨てるだけの片付けなんて簡単。それくらいならやれそうだ！」

そう思うでしょ?
それでも多くの人が続かないんです。
今までやれなかった人が、いきなり毎日やるなんて無理難題です。
1日空かなかったからいい。
3日に1度片付けたらそれでいい。
これくらいのゆるいレベルから始めていいと思います。

◈下げたハードルを上げていい瞬間

数年前の私は、毎日の掃除機がけも続きませんでした。
だから私は、3日に1度できれば自分をほめるところから始めました。
つまりは、私の得意ワザ。ハードルをぺたんこに下げたわけ。
できるレベルのことから、とにかく一所懸命にやる。
3日に1度レベルの掃除を何カ月も続けていると、ある日ふと予感がします。

「あ、あたい、もっと高く飛べる……！」


その感覚は「慣れ」です。

「慣れ」を感じたら飛躍の時、フライアウェーです。

堂々と、掃除機2日に1度ペースに昇格。

無論、己をべた褒めです。自分にゲロ甘です。

そうしてまた、2日に1度の掃除を一所懸命にするのです。

「3日に1度」から「2日に1度」にペースを上げて、初めの頃はまたしんどいですが、また何カ月も経てば、ある日、あの「慣れ」の感覚が蘇《よみがえ》ります。


「あ、フライアウェーの時だ」


次は「毎日」ペースに昇格です。

それにも慣れてきたら、さらに高みを目指して、拭き掃除までやることに。

そうやって少しずつ少しずつ、やれることを増やしていったのです。

好きじゃないことを習慣化させるには、最初は努力が必要です。キレイゴト言いません。努力ゼロで身につける方法なんて、私の経験上、ありません。

そんなぬるくないんですよ。

ダイエットも片付けも、続かない理由は、自分のキャパシティを超えた努力をしているから。

「ダイニングテーブルの上だけは、ものが乗ってない状態で寝る」とか、「玄関に靴だけはひとつも出ていない状態にする」とか、できるところからでかまいません。

まずは、ハードルをぺったぺたに下げて、自分のできるキャパシティを知りましょう。

自分に過度の期待をするのはやめて、「できなくても仕方ない」と思うことにしましょう。

一番に捨てるのは、自分への期待と過信。

習慣化に近道なんてありません。

片付けも、家事も、暮らしも、一生かけて育《はぐく》むものなのです。

玄関は基本的に何も置かない。
いってきますの時も、ただいまの時も、その方が気持ちが良いから。

余白多き靴箱。
多く持たないだけで、申し分なく選びやすく出し入れしやすい。

それでも捨てられない人のための「捨てワザ」

「一日一捨」という言葉をご存じでしょうか？

文字通り、毎日1つずつ不要なものを手ばなすという考え方。

「たった1つでいいなら！」というハードルの低さが実行しやすいですし、これなら習慣にもしやすいでしょう。

毎日1つのものと向き合って、1つずつ不要なものを手ばなしていったら、どんどん暮らしやすさを感じていくはずです。

ただし……私も経験したのですが、ある程度ものが減ってきたら、やがてどれを捨てていいのか悩み始めて、捨てるものを無理に捻出《ねんしゅつ》するようになって、捨てるもの探しの日々になっていきます。ルール化したらキケンだったね（遠い目）。

そんなふうにがむしゃらに削ぎ落とす暮らしになると、今度はどんどん暮らしにくさを感じるようになってしまうでしょう。

それからまた、ものを増やし始めて……また減らして……。

✦トライアンドエラーで適正量を把握

でも、そこであまり思い悩む必要はありません。

自分にとって必要な物や量を知るためにも、そうやって試行錯誤するのがいいと思うんだよな。

私は、トライアンドエラーで未来はできてゆくと大真面目に思っています。

失敗って成功のマザーですもの。

自分の成功を見つけるには、小さな失敗を繰り返すしかない！

暮らしは日々変化するもの。

当然、必要なものや適正量も、日々変化するものなのです。

大切なことは、**その時その時の適正量を知ること**です。

そのためにも、毎日、暮らしに丁寧に意識を向けていきましょう。

小さな失敗をいっぱいいっぱいしましょう。

酒の席でのネタにもなるし！

ちなみに、成功の自慢ばっかりする人と飲んでて楽しかったことは、一度もないですね。

「収納グッズなんていらない」と思う これだけの理由

「収納グッズがあれば、家は片付く」


一見、それっぽく正しく思えますが、そんなことはないです。これは100%迷信。

たしかに、ものがきれいに収納できると、家の中が片付いた気になります。

けれど、使い切れない多くのものをしまいこんでいるだけ。

昨今は特に、大事なのは中身なのに、見栄《みば》えばかりを大事にしすぎています。

もっとシンプルに申せば、使うものなら、しまいこむ必要なんてないのです。

生活感を消して真っ白を実現させた収納は、私には、見えていたら具合の悪いものを隠しているようにすら見える。

以前の我が家は、たくさんの収納グッズがスペースを取りすぎて、さらにそこに片付けの本が積まれていたりして、信じられないくらい散らかっていました。
これぞまさに本末転倒。みなさんも、「収納グッズを収納するスペースが必要だ」なんて考え始めたら、カオス予備軍のサインですよ。

ものを減らせば、収納グッズなんていりませんもん。
だからまずは、ものを減らすこと。
そして次に、収納のこだわりを捨てること。
何かに収めなければならない。
分類しなければならない。
どうせなら、できるだけ生活感を消したい。
こういった、こだわりを捨てる。
ものは、それを使う場所にただ置けばいいだけ。
家族無視で、「私だけが守れる収納ルール」縛《しば》りはやめる。
とにかく隠さない。むしろ見せる。

◆収納の工夫が必要＝ものが適正量以上

こんなふうに超絶真逆の考え方にしたら、1つの大きな変化がありました。

私だけでなく家族も、ものを元の場所に戻せるようになり、片付けてくれる頻度が増えたのです。

収納に時間を割いたところで、それは片付けた気になってるだけで、実際は片付いていない。根本は解決していない。

見えないようにして、先送りにしていただけです。

片付けられなくて困っている人は、収納の工夫でものを隠したりせず、きちんと家の中にあるものと向き合って、ものを減らすことに徹するのがいいと思う。

収納の工夫がいるうちは、ものの量がまだまだ適正ではない可能性が高いから。

収納できる環境がものを引き寄せる

ここで大事なことを1つ。

たくさん収納できる環境にしていたら、ものはどんどん増えていきますよ。

ものを買うときやもらうときに、置き場所があるのとないのとでは、置き場所がある方が圧倒的に財布のヒモも気持ちも緩《ゆる》みます。

だって、ものを家に招く環境が整っているんだもの。

逆に、置き場所がなく、家に環境が整っていなければ、容易にものを増やさなくなります。財布のヒモも気持ちも固結び。

収納グッズは置いているだけで、ものを家に誘います。

なので、収納グッズを減らせば減らすほど、家は片付くのです。

結局、ものを増やせない環境を作ることが、ものを増やさないコツなのです。

「これから使うもの」しかないキッチン。
「これから使わないもの」は、ないキッチン。

「まだ着られる」と「まだ着る」は全然違う

「これ、買ってから全然着てへん……」

こんなセリフを連発していた昔の私。

ずっと着る気が起こらないにもかかわらず、「まだ着られるのに！」というもったいなさに負けて、なかなか洋服を減らすことができませんでした。

「まだ着られる服」と「まだ着る服」。

たった2文字があるかないかだけなのに、とんでもない差がありますね。

みなさんも、手ばなすタイミングをいつも逃してしまって、クローゼットの肥やしとなっている服がありませんか。

それは、その気が起こったら着るかもしれない「まだ着られる服」だからですよね。

でも、振り返ってみると、「まだ着られる服」は、そのまま置いていても、「まだ着る服」には返り咲くことは少ない。

むしろ、「永遠にもう着ない服」に降格するほうが圧倒的に多い。

では、洋服を捨てて数を減らすためには、どうすればいいのでしょうか。

また、「せっかく買ったのに着ない」なんてことにしないためには、どうすればいいのでしょうか。

私は、次の5つの軸を使って、この条件をクリアできたものだけ買って、クローゼットに置くことにしています。

その結果、今では、私にちょうどいいクローゼットになっています。

みなさんも、洋服を買うときや、今ある洋服を捨てるときの参考にしてくださいね。

❶手持ちの洋服3点以上に合う洋服

洋服屋さんに行って、「キャッ！　素敵！」と一目惚れしたものを、ピンポイントで買うのは勇《いさ》み足。

もしその洋服を買ったとしても、その洋服に合わせるアイテムが少なければ、またアイテムを新たに買わないといけなくなる恐れ大。

なので、「キャッ！　素敵！」の後は落ち着いて立ち止まって、ちょこっと考えてみる。記憶の糸を手繰り寄せて、自分のクローゼットにはこの洋服に合いそうなアイテムはあったかなと。

大切なのは、洋服の数ではなく、組み合わせのパターン数。

私は、いつも同じ組み合わせでは物足りなくなってしまうので、3点以上に合うかどうかを条件にしています。

❷着る予定を明確に立てられる洋服

「着る予定はないけど、持っていればたぶんいつか着る服」は買わない。

その「いつか」がやって来ないことが多かったから。

「今日から部屋着になる」

「明日から仕事に着ていく」

「来週、友達とのランチに着る」

なんでもいいのですが、買うのは「着る予定が明確な洋服」のみ。
「着る日を約束できない洋服」は、ただただ物欲に任せてコレクションにしたいだけの洋服かも。
「いつか着るかもしれない服」は、「いつまでも着ることのない洋服」と同じ意味でギャンブルです。

これから先、持っていなくても平気でしょう。

❸がんばって管理していない洋服

特別な洗濯や、洗濯後のアイロンがけが面倒くさくて疎遠《そえん》になっている洋服、ありますよね。

手洗い、陰干し、要アイロン、専用の洗剤……。

私はシンプルに、そんなところに手間と精神力を注ぎたくない。

着る前に、「今日これ着たら、また手入れしなきゃいけないな……」と1日の終わりを先回りして考え、めんどくさーーーーいと、その洋服を着ることを断念してしまう私。

管理が面倒な服は、気に入って買ったとしても、「元気があるときにしか着られない洋服」としてクローゼットに巣食うことになりかねません。

見るたびに、「着なきゃなあ……」「もったいないなあ」と思う洋服は、手ばなすと**驚くほどストレスがなくなりますよ。**

④「必要」と「欲しい」は違う

必要な服は「今の自分」を表していて、欲しい服は「理想の自分」を表しています。

だから、洋服を買うときは、少し先の未来を考えて選ぶのがいい。

そのアクションによって、理想に近づけます。

過去を振り返っても、洋服はいつだって、迷っている私の背中を押してくれました。

だから、最初は似合わないように感じて、小っ恥ずかしい服だとしても、着続けてみてください。

今の自分よりも、少し先の理想の自分を想像して選ぶことで、その服が似合うようになったとき、自分の努力をほとばしる幸せとともに実感できるでしょう。

実感したとたんに、自分を好きになっていたりもしますよ。

⑤定価でも買うかどうか

セールは大好きなのですが、このときこそ心の中で、

「これが割引価格じゃなくとも買うかい?」

と、自分に問いかけましょう。

「安いから買っておこう!」というのは、心から欲していない証拠。

クローゼットに眠ったままになる可能性大。

「お金を貯めてでも欲しい!」と思えたものだけ買うようにしましょう。

ある日の夫婦のクローゼット。
バーの左側６着が私の。右の20着が夫の。
下の収納ケースはひとつは私の。あとの全部は夫の。

労力が激減する
めんどくさがりのための「洗濯のコツ」

さて。

洋服を手に入れたら、当然洗濯も必要になってきますよね。

ここでは、ズボラな私が洋服を洗濯するときに面倒くさくならないようにしていることを紹介します。

❶要ネットの衣類を極力選ばない

洗濯に工夫が要るかどうかは、超重要。

私が普段着る服は、洗濯機の普通洗いでガンガン回せるものばっか。

冬のニットもオシャレ着も、店頭でどんだけ気になっても、手洗いやらネットやらのキーワードが出た途端に魅力が半減。降伏の白旗ビラビラです。「着たら洗わなきゃ。でも洗うのが面倒……」と先回りして考えてしまい、結局着なくなるのがわかっているので、そういう服はそもそも買いません。

ちなみに、たまに着るきちんとしたスーツなどの洋服は、スパッと潔くクリーニングへ出しています。

❷ハンガー掛けスタイル

もう5年ほどこのスタイルではなかろうか。

我が家は、インナーとパジャマ以外の日中に着る大体のものが、洗濯後にたたんで収納にしまうのではなく、ハンガー掛けにしています。

朝着替えたら、ハンガーはリビングにて回収し、もしハンガーが戻りきらない日は、

「本日はハンガーが戻っていないので洗濯しません」とアナウンス。

わが家は、おサボリには敏感かつ容赦がないのです。

❸たたみ方にこだわらない

ハンガー掛けしない衣類は、毎日たたんで収納しています。

以前はなんとなくサイズ感などを考えて、見た目にこだわったりもしていました。けれど、「たためたら、それでええや」と、それをリタイアし、たたみ方へのこだわりもなくしました。

それ以降、ほとんどの洋服がハンガー掛けなので、ただでさえたたむ時間が短いのに、さらに時間が短くなりました。

と、このように洋服についていろいろと書いてきましたが、私は、衣食住に関しては、ちょっと少なめかなぐらいが心地よく感じます。

でも、あくまで私の基準。

洋服が好きな人は、ナンボでも持てばええ。

あいかわらずゆるいミニマリストです。

お帽子はけっこうマキシマム。
んが、家族兼用のため、阪口だけの帽子はなし。

スーパーで誘惑に負けず「買いすぎない方法」3つ

ある日のスーパーにて。

「ネギと卵だけ買いにきたのに！　ネギと卵だけなのに！」

300円くらいでいいはずが、レジで払ったのは1500円……。

カゴには、SNSで盛り上がっているお菓子やら、数日前にCMで見た話題のお酒やら、特売だった新作のアイスやら、予定外のオンパレード。

なんてこったい！　今月も赤字だ！　私のバッキャロー！

どの片付け本にも、「メモに書いたものだけ買うべし！」と書いてあるけれど、なかなかそんなにうまくいきません。

こう見えて私もメモ作ってんのよ。でも決してうまくいかない。

「私の物欲をなめんな！」

そう言いたくなってきます。

お店にも言いたい。

「どんだけ魅せる陳列するんだよ！　この商売上手め！」

こんな物欲まみれの私が、実践してみて効果のあった「スーパーで誘惑に負けずに、買いすぎない方法」をお伝えします。

読んでいただければわかると思いますが、基本的にはこれ。

「長居をせずに、買うものだけ買って、さっさと帰る」

これが大事なのです。

❶ショッピングカートを使わない

基本的にはカートを使わない。

カートを利用せずに、あんなに大きなカゴを持ちながら、人に当たらないように気をつけて歩くのは、結構大変で、ストレスがかかりますよね。

だから、さっさと帰りたくなって、予定外のものも買わなくなる。

自分を追い込んで、帰りたい状況を己で生み出すというわけです。

❷重いものからカゴに入れる

私は、スーパーに入るとまず、ビールコーナーから攻めることにしています。

ビール6缶は、けっこう重い。しかも、どこのスーパーのカゴもほとんど同じ規格になっています。

持ち手の食い込みがえげつない。

重いカゴを持つのがしんどくなってきて、さっさと帰りたくなりますよ。

③あえて先に冷凍コーナーへ

主婦のみなさんならきっと、冷凍食品コーナーはなるべく後のほうに行くことでしょう。

アイスなんて、わりとすぐに溶けてしまいますし、冷凍食品の品質も気になるので、少しでも凍った状態を保っていたいですから。

けれど、そんな冷凍食品コーナーにあえて先に行くのです。

冷凍食品を先にカゴに入れたら、気になって焦りも出て、さっさと帰りたくなるはず。

片付けベタが「つい持ちすぎる」3つのものとは？

以前の私もそうでしたが、ものを捨てられない、溜めがちな人がいっぱい持っているものって、だいたい同じ。

ここではそんな、「片付けられない人が持っているものあるある」をご紹介します。

これを意識して減らそうとするだけで、片付けはグッとうまくいくようになります。

❶紙袋

大中小とサイズを取り揃えて、柄、色、質感もよりどりみどりに揃えていたら、「使う機会よ、どんとこい！」と心配いりませんよね。

でも、ものを溜め込みがちな人は、それがどんな用途で必要なのか、どんなシーンで必要なのかをさほど考えていない場合が多いのです。

「持ってたら便利だから」

この1択で溜めこむ。

家に紙袋がたくさんあるなら、**その紙袋がどんな用途で、どんなシーンで必要になってくるのかをきちんと考えてみましょう。**

ちなみに我が家の紙袋は、子どもが友だちの家にお菓子を持っていくとき用だけ。

だから、小サイズの紙袋しか置かない。

❷ 保冷剤

ケーキを買ったり、お肉を買ったりすると、サービスでついてくるのが保冷剤。

夏場はすごく便利で重宝するし、いくつかは冷凍庫に入れておいていいと思います。

でも、保冷剤を無差別かつ無数に持っている人は、ちょいとストップ。

冷凍庫を確認してみてください。

保冷剤で食材が追いやられてはいませんか。

もしも、保冷剤が冷凍庫を大幅に占領し始めていたら、過去を振り返ってみましょう。

「保冷剤をしこたま溜めててよかった！」

そうガッツポーズをかましたシーンは、今まで何回ありましたか？
実は、年に何度もないのではないでしょうか？

我が家の場合、日々のお弁当用とクーラーバッグに入れる用だけしか持っていません。
保冷剤がなくて心底困ったシーンは、今まで1度もありません。

❸レジ袋

最近はスーパーでも有料になったレジ袋。貴重な消耗品です。
きっと、レジ袋を溜めこんでいる人は、「ゴミ袋にできるから、何枚あっても安心だし、絶対に全部を使う自信があるわ！」とお考えだと思います。

でも、ものを溜め込みがちな人は、自分の使い切れる量を把握できていません。
それゆえ、なくなることに不安を感じてしまいがち。

だから、消費が追いつかないほどの量を溜め込んでしまうのです。

レジ袋があふれ始めたら、思い切って1度、全部を捨ててリセットすることをオススメします。

そして、**どのくらいの枚数なら使いきれるのか、意識しながら溜めてみてください。**

我が家は基本的に、外でもらうレジ袋はゼロ。

レジ袋をもらったら、それがその日のゴミ袋となるだけです。

1枚も溜めていません。


紙袋にしても、保冷材にしても、レジ袋にしても、「本当にこんなに要る?」と自分にツッコムことが重要。

そして、使い切るイメージが湧かなければ思い切って捨てましょう。

なくなったって、大体平気。

なんともないことがほとんどですよ。

キッチンは、ものが多くない方ががんばらなくて良いです。
とにかく「片付け」と「掃除」という大きな家事がほとんど要らないから。

「片付けられる人」が持っている共通の考え方

この章の最後に、片付けられる人の特徴をあげていきます。

私自身が片付けられるようになってから気づき始めた、片付けられる人の特徴です。時間をかけてお片付け上手をねっとりと観察し、血眼《ちまなこ》になって「あるある」をかき集めました。この特徴を真似っ子すれば、考え方も変わってくるかもしれませんよ。


私は混じりっけなしの片付けられない女だったので、気をぬくとすぐに家がとっちらかったりしてしまいます。

まだまだ生涯修行中の身ですが、以下の特徴を思い出して実践することで、自然と片付けに意識が戻ります。すげーだろ。要チェケラです!

❶小さな仕事を見つけたら、すぐにこなせる

片付けの上手な人は、「さて、何から始めるのが一番効率がいいかしら……」なんてまず腕組みをして考えこみません。

てか、「何から始めたらいいかしら……」と考えながら、すでに手は動いているくらいです。さくさくウーマン！

彼らは、目の前の仕事から一つ一つつぶすようにやっていく習慣があるということです。

毎日のルーティンワークをいつも通りにこなしつつ、手にはいつもの働きをさせて、脳では次の仕事を考えています。

❷管理してくれる人に感謝する習慣がある

私が子どもたちに片付け教育をする前は、「ごちそうさまー」と食事を終えて、子どもたちが自室に戻っていくと、シンクの中は地獄絵図でぐちゃぐちゃ。

皿やカップやスプーンやフォークが、シンク内にいっぱい広げて重ねられて、後片付けがしにくいったらありゃしない、「洗いものの宝石箱や～」といった状況が毎晩。

でも、子どもたちと片付けを一緒にやり始めてからは、そんなこともスコーンとなくなり、私が洗いやすいように食器を置いてくれるようになったのです。

洗ってくれる人への配慮と感謝をこめた思いやりが感じられて、「これぞ片付けだ」と思った私。次の人のことを考えてする行為が片付け、だもの。

もちろん、私もしっかり洗いものをしようという気持ちがむくむくと出てきます。

これは子どもも大人も一緒です。

ちなみに我が家は、子どもが毎日のお風呂掃除をしています。

なので、私はお風呂に入ったら、彼らに感謝と敬礼をしながら、シャンプーや桶をしっかりと元の位置に戻してから出てきます。

❸「足りる自覚」と「足りない自覚」がしっかりしている

これは、350㎖と500㎖の飲み物の話で、触れましたね。

たとえば、買い出しは3日に1度で、毎日飲む牛乳は、3日で2本なくなるとします。

このとき、足りる自覚と足りない自覚がしっかりしている人は、買い物で2本だけ買います。

けれど、足りる自覚がゆるい人は、こう思います。

「どうしよ…3本買っとく？　たくさんあってもいつか飲むやろ」

もちろん以前の私は堂々後者でしたよ。

「もしもなくなったら……」というイレギュラーを気にしていたのですが、イレギュラーはほとんど起こりません。

そもそも、イレギュラーが多いのなら、それはもはやイレギュラーではない！

レギュラーであり、日常であり、平常である。

余談ですが、「もしもなくなったら……」よりも、「もしも余ったら……」に重きを置いている人が多いと感じています。

いずれにしても、足りる自覚と足りない自覚がある人は、ものが変に増えたりしないし、ものの無駄な破棄も少ないのです。

④収納にパワーを使わない

収納の項で言いましたね。

片付けられる人はそもそも、「よっしゃ！　収納したろ！」とは考えません。

収納とは「納《おさ》める」こと。納めることに熱量を使いすぎるのは、本末転倒。

「納めればいいや」なんて扱いのものは、自分にとってそんなに重要ではありません。

片付けとは、物事にカタをつけること。すなわち解決を図ること。

たくさんのものをどうにか納めることは、根本の解決にはならないということです。

たしかに、雑誌などで、引き出しの中をさらに細かく仕切って、何が入っているのか把握できないケースにしまって、徹底的に見た目をスッキリさせる収納術もあります。

「すごーい！」と心は踊りますが、必要なものを必要なときに出しやすくて、出番が終わったら戻しやすいのでしょうか？

あれは、**多くの家庭ではちょっとマネできない**でしょう……。

そして、我が家ではサッパリ無理でしょう。

⑤継続や習慣の重要さを知っている

意識高めに暮らして、じっくり時間をかけて己と向き合い、試行錯誤を繰り返し、努力して手に入れた空間の清々しさは、なにものにも代えがたい。

片付けることを日々意識できている人は、**その苦労や努力があったからこそ、その状態をキープをしようと奮闘する**のです。

美しい空間を日々キープされている著名な方々を見てみれば、みんな努力して、ときに失敗や挫折を経験しながら、試行錯誤を繰り返していらっしゃいます。

逆に、逆によ。

片付けない日を続ければ、それが習慣化することもちゃんと知っている。

「あ、片付けない日が何日も続いてる……、片付けないことが当たり前になっちまう！！」

こう思い、片付けを再開するのです。

どっちにしても、習慣や継続に意識が高い。

片付けは、一日にして成らず、なのです。

⑥決まりきった仕事を毎日楽しめる

素敵空間をキープするには、毎日のコツコツが必要。

そういうことをできる人は、決まりきった仕事を楽しめる人が多い。

たとえば、毎朝のトイレ掃除、食後のキッチン拭き上げ、玄関掃除、グリーンに水やり……、日々の片付けという作業も、ここに入ります。

「毎日、何かを継続しようと思ったら、それなりに楽しみがないと続かない！　でも、何を楽しみにすればいいの？」

なんて人も少なくないでしょう。

では、片付けられる人は毎日、何が楽しみでコツコツ片付けを継続できるようになったのでしょうか。

実は、彼らは**幸せと感じるもの、コトが、とってもささやかだったりします。**


片付けで流した汗が、清々《すがすが》しい。

片付け後に飲むお茶が、美味しい。

スッキリ空間でのヨガが、気持ちいい。

こんなことを言っています。

私も以前は、こう思ってました。

「え…楽しみとかご褒美って、スタバとかケーキちゃうのん？」

片付けられる人たちは、ある意味、お金で買えない価値を知ってるのかもしれません。

嗚呼、私も早くその領域に行きたい！

⑦自分の人生は自分で選ぶ、という責任感がある

片付けられない原因を探すときは、自分自身と向き合うことが非常に重要。なぜかと申せば、自分がどうありたいか、どんな暮らしがしたいか、それを軸に進めていくからです。


「仕事が忙しい」

「子どもが小さい」

「旦那が……」

「義母が……」


様々なできない原因がたくさん出てくるでしょう。

でも、仕事を選んだのも、子どものいる人生を選んだのも、結婚を決めたのも最終ジャッジをしたのは自分なはず。

その環境を最終的に選んだのは、自分自身なのです。

辛口に聞こえるかもしれませんが、悪いことばかりではありません。
その分、良いことがあった日にはお祭りですよ。

「やったやん私！　スゴイぞ、私の選んだ人生！　おめでとう私！」

というように、自分の判断をほめ称えて、素直に自分を肯定しましょう。
自分で選んだ道なのですから。
そうやって自分の能力を認めて、高めて、自信をつけていくのです。

まずは、自分の環境を俯瞰《ふかん》しましょう。
誰かのせいで不幸だとは考えない。
誰かに幸せにしてもらおうとも思わない。
自分の人生は、自分で決める。
自分の人生は、自分で作る。

持つ食器の基準は現役バリバリで使う品のみ。
その基準をクリアしたものしか持ってません。

第3章

減らすときの「困ったあるある」Q＆A

手ばなすことに慣れてはダメ。
手ばなすことが嫌だからこそ、
選ぶときにきちんと選ぶ。
この関係性が大事。

「ものを溜めこむ人」を変えようとしてはいけない

質問

夫がものを溜めこむタイプで、何度ものを捨てるように言っても、全然捨ててくれません。これからも変わらなければ、離婚も考えるくらい真剣に悩んでいます。どうすれば捨ててくれるようになりますか？

私の夫も溜めこむタイプです。
今はよくなりましたが、昔の彼の部屋は背筋も凍る物量で、カオスでした。
今もなおCDは何百枚とあります。CDプレイヤーがないにもかかわらず……。
けれど私は、それがどうした！　と思っています。

彼の暮らしが満たされているのなら、それでいい。

ものよりも、スッキリした暮らしよりも、夫や子どもたちのほうが、もっともっともっともっと大事です。

「私はスッキリしてガラーンとした部屋が暮らしやすいけれど、あなたたちの暮らしやすさも同じくらい大切」

そう彼らには伝えているので、彼らも私の暮らしやすさのことを考えて、ある程度は片付けてくれているのだと思います。

我が家は、昼と夕方は超カオスですが、1日2回の片付けは、家族みんながきちんとしてくれます。

そうはいっても、これは今だからいえる話。


昔は険悪だった！　思い出したくないくらい、マジで仲悪かった。


「ものを増やさないで！」

「出しっぱなしはやめて！　すぐ片付けて！」

「そんなの捨てて！」

今では絶対に使わないような言葉を、朝から晩まで並べていました。

ミニマリストをこじらせていたのです。

思い出すとヤバーい。よく耐えたな……家族のみんなよ。ごめんよ。

自分と他人の価値観は違う

間違えてほしくないのですが、ものが少なくて部屋がスッキリしていることが、暮らしを必ずよくするわけではありません。

ものが多いほうが安心する人もいるのです。

散らかってるほうが暮らしやすい人もいる。

しかも、そういう人は、決して少なくありません。

そのことを大前提にして読んでほしいのですが、私なら、想いが届くまで家族に伝え続けます。

「私はあなたを大事に思ってきたけれど、今はあなたの荷物のせいで、とても暮らしにくさを感じている」

そう言って、とことん向き合うことが大切だと思います。

それと、こういう場合は、夫のせいだけではありません。

夫婦で10：0でどちらかが悪いは、絶対にないです。

✦イヤイヤ動かしても意味がない

そして、人を「変える」ことはできませんが、人を「動かす」ことはできます。

「やってよ！」「しなさいよ！」なんて言い方では、誰に言われたって嫌な気持ちになってしまいます。

家事でもなんでも、**人を動かそうと思ったら、基本的には「お願いします！」の姿**

勢が大切です。親しき仲にも礼儀あり。家族といえども、例外はなくてよ。

そして、継続して次も動いてもらいたいなら、「ここだけ、10分だけ!」と超低いハードル設定でお願いして、彼らがイヤになって飽きる前に切り上げるのも重要です。

さらに、お願いするときでも、私にはこだわりが1つあります。

それは、「お手伝い」という言葉を使わないこと。シンプルに違和感がある。

「手伝う」という言葉には、「外部の人に力添えする」みたいなニュアンスがある。

だから「お手伝いして」みたいな言い方は、大げさかもしれないけど、自ら家族と自分を切り離している気がする。

私だけが、生活しているのではない。

みんなも生活していて、みんなで生活している。

だから、家事はあたり前のようにみんなでやるべき。

担う量の多い少ないはあれどね。

✦終わったあとに必ず言う言葉

あと、最後に必ず感謝の気持ちを伝えています。

「みんなのおかげで早く終わった！」
「とっても綺麗になって気持ちいい！」

それだけで、「また一緒にやるわ」なんてうれしいことを言ってくれます。強めに言い切っちゃいましょう。家族みんなで家事をする習慣は、こうして作られるのです。

たまに、「家族にお願いなんてできない」という人もいますが、卑屈に頼み込む必要なんてないです。

繰り返しますが、**家事は誰か１人が背負うものではなく、みんなでやるべきもの。**

ですが、最初にお願いの姿勢をとるだけで、徐々に彼らが自発的に動いて、お互いが無理なく笑って暮らせるのならば、そんないいことは他にないのではないでしょうか。

まあ、バランスですね。卑屈もダメ、傲慢もダメ。

10年前はこの棚は上も下もギュウギュウでした。
今はご覧のとおり、上はガラーン。

なぜ、災害にあった人ほど「ものを減らそう」と思うのか？

質問

もし災害があったら……。そう思うと、なかなかものの数が減らせません。

たしかに、ものを減らそうと思っても、災害のような「もしかしたら」のことを考え出すと、ものを減らすことが急に怖くなってくるかも。

水に始まり、食糧品、衣類、などなど、余裕はあればあるほどいい。

そんなふうに考えるかも。

私は、47都道府県のすべてでセミナーを開催していたのですが（今はお休み中）、そのときに、大きな災害に遭われた方と何人もお話ししました。

その方たちがみなさん、同様におっしゃっていたことがあります。

「実際に災害に遭ってから、ものを減らそうと思った」

まさかの減らそう宣言。

私たちの想像と逆なんですよね。


「ものを持ちだそうとして、逃げ遅れて……」

「備蓄していたものを持っていこうとしたら、家から出られなくなって……」

「ものが多くて、逃げるときにそれが邪魔になって、怪我をしてしまった」

「地震のときに、じいちゃんの上に本棚からたくさんの本が……」


そんなお声をいっぱい聞きました。

そして、ぐちゃぐちゃになった家の中を片付けしようとしたけれど、ものの量を見て途方に暮れて、果てしない作業に発狂しそうになるんだとか……。

たしかにそんな経験をしたら、ものを減らそうと思うようになりますね。

私も大量のものを連日捨てた経験があるので、そのキツさはわかります。

災害に関しては、明日は我が身ととらえましょう。

コロナ禍では備蓄リストを柔軟に変える

こんなことを書いていた矢先に、新型コロナの影響で、スーパーからトイレットペーパーが姿を消しました。

テレビを見ていたら、ニュースで「全国でトイレットペーパーが品切れになっています」とやっていて、ちょうど我が家は残り5ロールだったので、スーパーに行ったところ、すでに売り切れ……。

毎日スーパーに行っても買えず、店員さんに聞いたのですが、「いつ入荷するかは、パニックになってしまうので、お客様には教えられないのです」とのこと。

なんと！　守秘義務！

結局、それから数日後に無事に1袋（12ロール入り）だけ購入できましたが、トイレットペーパーは死活問題なので、1袋を常に備蓄することにしました。

何カ月分も買いだめをする必要はありませんが、備蓄リストやその数は柔軟に変えていくのがいいと思います。

さて。

大切なのでまた書きます。

ものは人間がコントロールするもの。

ものに人間がコントロールされた瞬間から、時間も、行動も、思考も、お金も、すべてが狂い始める感覚に苛《さいな》まれていきます。

主導権を持つのは、「もの」ではなく「人間」だという意識を、常に心に。

私は必要なものだけで暮らして、災害に遭ったら身一つで逃げます。

ヒト＞もの、なのです。

家族の命が無事なら、それでいいのです。

我が家の非常食は、普段でも食べたいものしか置いてない。
非常時も心が満たされるかどうかを基準にしている。

「子ども」が驚くほど自分で片付ける3つの魔法の言葉

質問

久しぶりに娘の部屋をのぞいたら、ものがあふれていました。床にはバッグや洋服やハンカチや文房具が散乱して、クローゼットは閉まらなくなっていました。子どもに片付けをうながすいい方法はありますか？

少し前、我が家の娘の部屋も似たような状況になっていました。
娘には、「部屋が片付かないのは、ものが多いからだと思うよ」と伝えたら、「何をどうすればいいのかわからない」と、子犬のようなまなざし。

人間は、キャパシティを超えたら、何から手をつけていいか、わからなくなります。

私も経験しているから、わかる。散らかり過ぎたら、初動を見失います。

だからそのときは、久しぶりに人の片付けを手伝うことにしました。


といっても、私がやったのは簡単なこと。

まず、「あなたはどんな女の子になりたいの?」と聞くところからスタート。

「勉強ができて、リーダーシップを発揮できて、オシャレで、人に優しくて……」

このように、**理想の自分像を具体的にイメージしてもらえるまで、話してもらいます。**

それから、

「使えないもの、壊れているもの、着られないもの、つまりゴミを捨てよう」

「未来の理想のあなたが、持たなそうなものは、捨てよう」

「未来の理想のあなたが、持っていそうなものだけ残そう」

この3つを彼女に口頭で伝えました。

それだけです。

憧れのアイドルとか、アニメの登場人物とかでもいいと思うなぁ。

「あなたの好きなアイドルが、この部屋に住んでると思う？」

こっちのほうが理想をイメージしやすいって人もいるはず。

約1時間後、部屋をのぞいてみると、しっかりとものを捨てていて、床にはものが何もない状態になっていました。

掃除機も隅々までかけられるようになって、掃除も完璧。

何を捨てるかを明確にするのは、本人の仕事。

その考え方の軸を作るのも、やはり本人。

子どもの話を聞いて理想の未来像を具体化させるだけで、何をやる必要があるのか、何が不要なのかは見えてきます。

✦小さい子にお片付けさせるには？

ついでに、子どもがもう少し小さい場合の片付けについても書きますね。
一言でいうと、**ダラダラ片付けさせるのが一番ダメ**。
あと、**複雑なのもダメ**でしょう。

子どもが数分で片付けられる量が入るボックスを用意して、あとは「一番好きなものから入れていこうか」と言うだけ。
これでいいと思います。

注意としては、**子どもが選ぶときに親は絶対に口をはさまない**こと。

「あぁ、それ、おばあちゃんからもろたやつ……」

「それ、高かったやつ……」

「そっちは、去年買ってまだ新しいのに……」

親はいろいろと言いたくなるけれど、子どもの判断がブレてしまうから、完全に子どもに任せましょう。

心の中で叫びながら、こちらも学習するのがいい。

「あれ高かったのに捨てるのか、二度と買わないぞ……。あのおもちゃハマらんかったんやな、今度は違うタイプ買ってみよう……」

片付けが終わったら、「うわー！　好きなおもちゃばっかりだね！」なんて、好きなものだけで過ごす喜びを、親子で存分に分かち合いましょう。

ここにもポイントがあるとすれば、「嗚呼、ようやく片付いたわ」なんて顔を見せないこと。


「あなたって片付けのプロ？　やばー！　お母さんも見習おうね！」

といったように、上からではなく常に同じ目線で、片付いている空間の気持ちよさを共感して喜びましょう。

そして、収納に入らなかった分は、即ポイせずに、デッドスペースに半年とか1年と期限を決めて置いておくことにします。

期限までに中のものが必要にならなかったら、そのときは捨ててしまいましょう。

ポイントは、子どもに中を絶対に見せてはいけません。

うっかり中を見せてしまったら、「あー！　こんなのあったー！」といって、また出してしまいます。見たら後ろ髪グイングイン引かれますからね。

ここは大人でも子どもでも一緒っす。

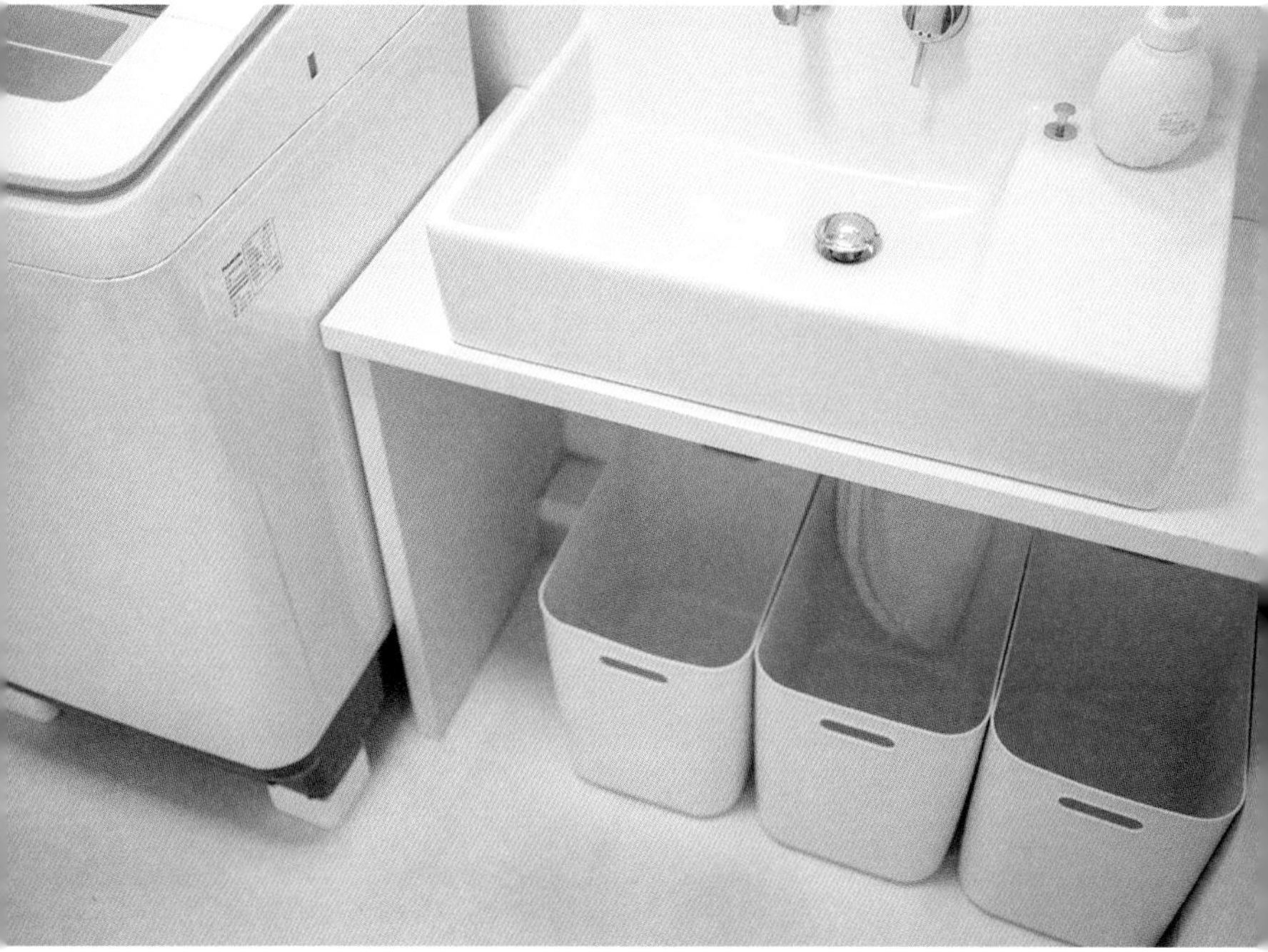

洗濯カゴは左から、普通洗い、丁寧洗い、夫の仕事着。
自分たちが気をつけて分けていないとえらいことになるシステム。

なぜ、ミニマリストでも捨てるのに「慣れてはいけない」のか？

質問

ミニマリストにあこがれているのですが、捨てることにまだ抵抗があります。

よくわかります！　わかる！　わかるよ！

私は、**捨てることに慣れなくていい**と思っています。

軽い気持ちで増やさないためにも、嫌な思いをして手ばなすのが一番合っていると感じております。

そう思うようになったのは、こんなきっかけがあります。

以前、溜めに溜めた家中の不要になったものを、クリーンセンターに持ち込みました。

ここでは、折れるものはバキバキ折ります。

棚、収納ケース、アウトドアのアレやコレ。

ジャイアンでいう、メッタメタのギッタギタ。

とにかく豪快かつ大胆に小さくして処分します。

そこに慈悲の心は皆無。

私の愛用品とか関係なし。

不要とはいえ、自分が使ったりしていたものがそうなる姿を見ていると、つらい気持ちが湧いてきました。

まだ使えたのに、使わないなんて……。

そう思って、しんどい気持ちになり、もうこんな思いはしたくないと考えたのです。

捨てるのがつらいから大切に選べる

それ以降、クリーンセンターに持ち込んだものと似たようなものを買おうとすると、あの日のジャイアニズムな映像がフラッシュバックするようになりました。

すると、買い物の手が止まります。

考える時間が発生するのです。

「すぐに飽きてメッタメタのギッタギタにしなくていいものだけ買おう……」

そうして、時間をかけてものを選ぶ癖《くせ》がついたことで、大きな失敗が減るようになりました。

使えるのに手ばなしたくないから、簡単に手に入れないでおこうと考えるように変わった私。

手ばなすことに慣れてはダメだと思っています。

手ばなすことが嫌だからこそ、選ぶときにきちんと考えて選ぶ。

この関係性が大事なのではないでしょうか。

スイーツ男子な夫と、甘いもの狂女子中学生な娘の、
お菓子作りコーナー。

テレビ好きなら
テレビ持って何が悪い！

質問

オシャレな暮らしを発信しているインスタグラマーさんやら、ミニマリストさんやら、本当にたくさんの発信者の方が、『私、テレビは観ません。家にも置いていません』ということをいっています。我が家は、子どもがテレビを大好きなのですが、やはり捨てたほうがいいでしょうか。

私も同じようなブロガーですが、私はテレビを手ばなしません。
その理由は、**テレビが大好きで、よく観ているから。**
その一言に尽きます。

テレビとの付き合い方は上手いほうだと思うなぁ。

休日になると、我が家の愛すべき娘は、家族の誰よりも「休日のお父さん感」を出します。

テレビの前からなかなか動きません。

私は、そんな娘たちとテレビを観る時間が、何より楽しみだったりもします。

家族みんなでスポーツのルールやマナーについて話し合ったり、エンタメ情報を共有したり、話題のニュースをディスカッションしたり。

SNSやメディアのあり方なんかも論議します。

やっぱり、我が家にとっては、テレビは価値があるのです。

では、なぜテレビを手ばなす方が増えているのでしょうか。

- ダラダラと観てしまい、時間がもったいない
- デタラメや不要な情報が多い
- 子どもに見せたくない番組がある

このような3つの意見をとても多く見ます。では、私の意見を書きますね。

①ダラダラと観てしまい、時間がもったいない

私はダラダラとテレビを観ません。

正確に書くと、ダラダラしていい時間しかテレビを観ません。

他に優先することがあったら、その時は観ないです。

だいたい、やるべきことがあるのについついテレビを観ちゃうってことは、むしろ、**めっちゃテレビが好きなのではないでしょうか。**なんで、好きなのに捨てるんや。

②デタラメや不要な情報が多い

これもよく聞く理由ですね。

でも、これはテレビに限らずネットでも、**デタラメだったり、不要な情報が多すぎると思う。**

そもそも、私は小学生の頃、Mr.マリックが本物の超能力者じゃないと知って以来、テレビでやることが全部正しいなんて思っていません。

③子どもに観せたくない番組がある

子どもたちにも、実際に起こっている悲惨なニュースの数々を全部知ってもらおうとは思わないけれど、避けて隠そうとも思わない。

「あんなニュースを子どもが知って、外で話したら困る」

「テレビでふざけていた人の真似したら大変」

なんていうクレームも多いらしいのですが、それはさすがに環境の問題だと思う。

「このニュースは外でふざけてする話ではないよ」

「あれはテレビだからやっていいことだよ」

それを教えるのは、**テレビではなく、周りの大人**です。

子どもが小さい頃は、なおさらね。

テレビをもっと楽しむコツ

しかしこんなテレビ大好きな私も、ミニマリズム全盛の時代は、「テレビって悪だわ」なんて思ったこともありました。

その頃は、テレビの見方がとことん下手くそだったように思います。

前ページのご質問の方と同じように、テレビをダラダラと観てしまうことが多々ありました。

テレビにコントロールされてしまっていたのです。

けれど、テレビをコントロールする側になってからは、以前よりもテレビが面白いものになりました。

結局、**「テレビなんていらない」**と、かたくなに**拒否している人は、むしろテレビに主導権を握られている可能性が高い**のではないでしょうか。

ものに支配されているのかもしれませんよ。

人が主導権を握っていれば、テレビはもっともっと楽しめます。

とくに今は、観たい時間に、観たい番組を選んで観ることが可能になっていますから。

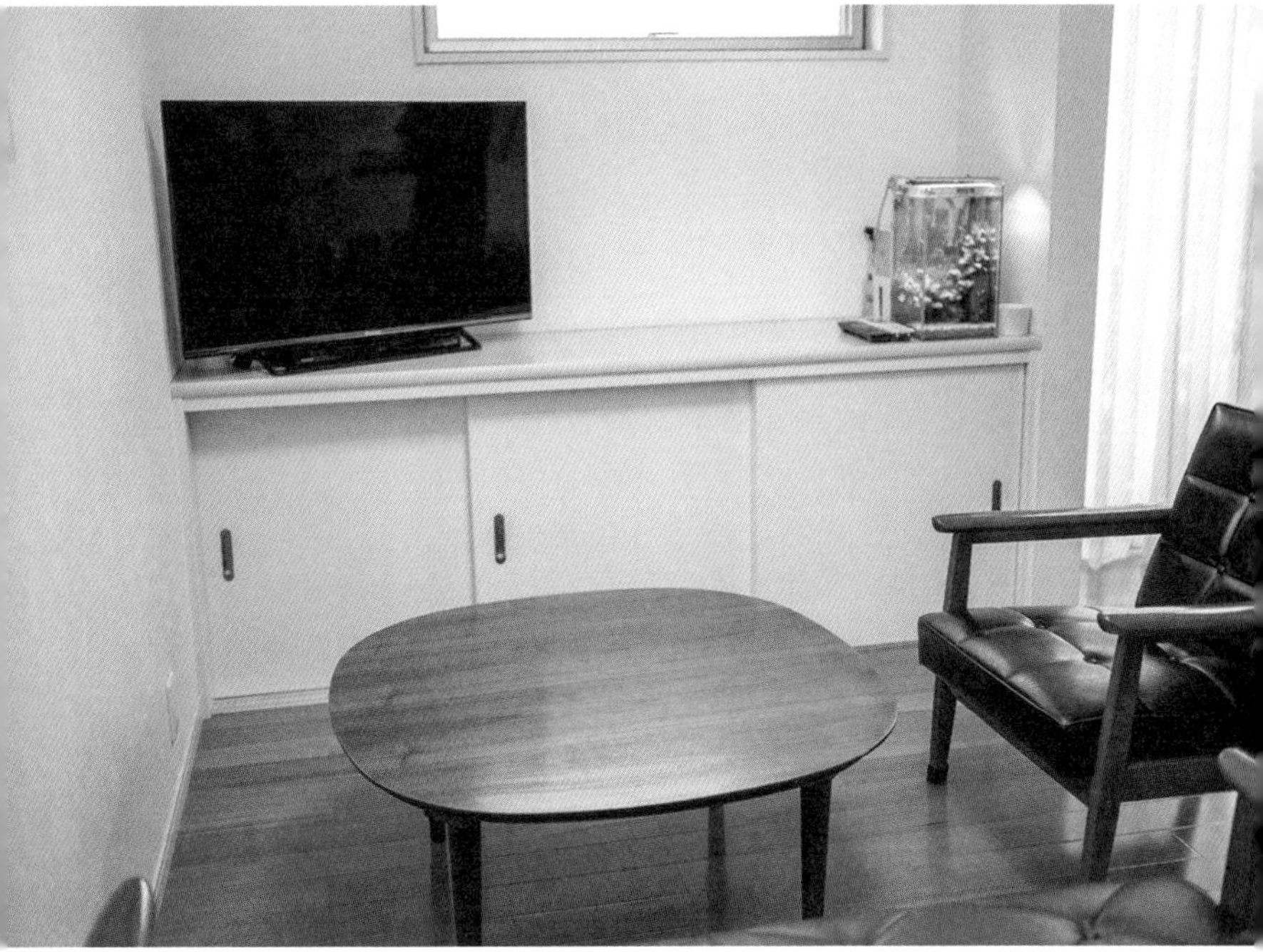

「インテリア的にテレビを置きたくない」という人もいますよね。
これに関してだけは、すんごいよくわかる……（遠い目）。

「ものが多い＝貧乏、少ない＝豊か」そういうのマジ、どうでもいいっす

質問

お金がない人ほど家がごみごみしていて、家がきれいな人ほどお金持ちという話を聞いたことがあります。これは本当でしょうか？


ミニマリストという言葉が流行語にノミネートされた頃。

「ミニマリストってのは、ただの貧乏人だろ？」

と、世界のキタノこと、ビートたけしさんがテレビでおっしゃっていました。

そのとき、私は「そうかも！」ってヘラヘラ笑っていました。

でも、ミニマリストの中には、「貧乏」という言葉にひどく拒絶反応を起こす方が

います。そういう人ほど、「ものが多い人ほど貧しい！　ものが少ないほど豊かだ！」と強く言っている気がします。

我が家は、ものが最低限なら、貯金も最低限……（ちょっと泣いていいですか）。

それはともかく、ものが多いから貧乏とか、少ないから豊かだとか、私は正直、どうでもいい。

あくびして指で目やに取りたくなるくらい、どうでもいい。

私の周りには、お世辞にも片付いてるとは言えないような、ものの多い家に住んでいる裕福なお友達が結構います。

だから、もともと「お金持ち＝家が片付いている」説については、あまり信じていません。

もちろん、その反対の「貧しい＝家が散らかってる」説も、違うと思っています。

人によって必要なものも、量も、違うと思うんだよね。

それに、どのくらいの資産があれば裕福というのか、どのくらいの生活レベルで貧乏というのか、生きていく上でいくら必要かというのも、人によって違うはず。

貧しいとか豊かだとかなんて、他人が他人を計れないと思うのです（うわ〜、我ながらすっごい当たり前のこと書いてますね）。

片付けと貯蓄の3つの共通点

にもかかわらず、「金持ちの家は片付いていて、貧乏な家は片付いていない」と当たり前のように言われています。

どうしてなのでしょうか。

貯蓄は、ＩＮとＯＵＴのバランスが重要という点で、片付けと似ています（お金は増やすほうがよくて、片付けは不要なものを減らすほうがいい、という点は反対ですが）。

片付けのプロセスは大きく3つ。

❶ **減らす**

今の状況を把握して、不要なものを排除する。

❷ **配置する**

必要なものを厳選したら、出し戻しがしやすくて、それを使う場所に配置する。

❸ **継続する**

整った状態をキープし続ける。

この3つのプロセスを貯蓄に当てはめてみましょう。

❶ **減らす**

今の収支を把握して、不要な支出を排除する。

❷配置する

必要だと思うものにだけお金を使う。

❸継続する

貯蓄意識が習慣化するまで、支出に集中する。

似ていると思いませんか。

大切なのは、片付けを日々継続し、実践していると、ものの量を調整したり、暮らしを管理する力がついてくるということ。

これは貯蓄も同じ。収入と支出のバランスを考えながら、収入よりも支出をおさえて調整すれば、お金は自然と貯まり始めます。

つまり、**片付けられるようになると、管理する力がつくため、お金も貯められるようになっていく**のです。

ただし、ここで大切なのは、**お金を貯めているお金持ちと、お金を生み出すお金持ちは、同じようで全然違う**という点です。

私の知人もそうですが、アイデアもお金も生み出すクリエイティブ系のお金持ちは、ものが多くて、ちらかっている家ばかり。

もしもみなさんのなかに、「部屋は片付けられるのに、わが家は貧しいかも……」なんて人がいたら、実は貯蓄のセンスがあるということです。

反対に、貯蓄は得意なのに家が片付かないで散らかっているという人がいたら、その人は片付けのセンスがあるはずです。

いずれにしても、片付けができるようになれば、家計にも余裕がでてくるということ。

お互い、楽しんで片付け！　楽しんで貯蓄しましょう！

お金と片付けの関係は深いので、次章でもう少し考察します。

空間に対して適正量ならば、収納の工夫は皆無。
ただ置いただけのキッチングッズ。

第4章

ものを減らすと「お金とか時間」でもこんないいことあった

本当に暮らしに必要なものって、
案外種類も数も少ない。
暮らしに必要なのって、
ものじゃなくて、
きっと時間とか笑い声。
そう思います。

「貯蓄が苦手」でもストレスフリーでお金が増える

ミニマリストになり、必要なものを厳選し、同時に不要なものを買わなくなり、気がつけばちょっとずつ貯金ができるようになりました。

これは私にとっては快挙！

というのも長い間、「私には貯蓄は向いてない」と、憎悪に近いような苦手意識を持っていたからです。

そんな私でも貯金できるようになったのは、こんな理由かなと思うことがありましたので、少し書かせていただきます。

❶買い物の回数を決める

まず、定期的な買い物の回数を「週に何回」と決めて、その日以外の日はお金を1円も使わない日にしたこと。

コンビニ、カフェ、本屋、スーパー……。日々何かを買うのが当たり前だった私。

でも今では、週の半分はお金を使わなくなりました。

それで何も不足を感じません。昨日も1円も使ってないや。

❷安売りしててもたくさん買わない

次の理由は、ものをたくさん買うのをやめたこと。

「安かったからたくさん買っといた」

前はこんなふうにストックを満載にしておく意識があり、その結果としてなのか、ものをあまり大事に扱おうとしていませんでした。

ものがたくさんあると、気が大きくなるのよね……。

消耗品なんかは特に、贅沢《ぜいたく》使いしていた記憶がある。でも、これもやめました。

③食べきれない量を買わない

さらに、食べきれないことを嫌うようになったのも、貯金ができるようになった理由だと思います。

以前は、「足りなかったらどうしよう」とたくさん注文しては、残したり食べすぎたり……。

けれど、今は、「余ったらどうしよう」と、食べきれなかった食材を破棄するのが切なく感じるようになったのです。

④今だけ必要なものを買う

あとは、予定にないことをしなくなりましたね。

「あったら便利よね」「そのうち使うよね」「だれか食べるよね」

こんなセリフを乱発して、想定外のことで散財する達人だった私ですが、次の買い物までに使うものだけを買って、必要なものしか買わないようになり、無駄遣いが格段に減りました。

⑤お金に対して敬意を払う

そして、最も大きな理由が、お金に敬意を払うようになったこと。

以前は、お金に対しても苦手意識があったのですが、今ではお金のことを**「楽しさを手に入れる素敵ツール」**と思えるようになった。

「がんばった分もらえたありがたいお給料だから、大切なことにだけ使おう」

そういう考え方に変化していきました。

なので、楽しいことには出し惜しみせず使えるようになりました。


「お金が大好きだ！」

そう、手ばなしで濃厚な愛を叫べるようになりました(笑)。

◈苦手な分野の節約は避ける

ただし、苦手意識があることに対しては、無理は禁物だと思っています。

私は、節約まで考えるような余裕がありません。

たとえば、口が裂けても得意だとはいえない料理や食材には、節約意識をぶつけないことにしています。

みなさんも、得意なことに関しては節約の余裕もあると思いますが、**苦手な分野なのにがんばろうと無理をすると、ただの苦行になる**だけ。

どこかでしわ寄せが絶対にきます。

特にストレスを感じやすい奥さん、ご注意ですよ。

ミニマルな暮らしを心掛けるようになって、以前と比べてではありますが、お金が貯まり始め、次第にお金の使い方も変わりました。

今ではむしろ、お金を使うたびに満たされています。

「食」「体験」「出会い」で「死に金を使わない」コツ

では、どんなことにお金を使うと、心が満たされるのか。

「食」「体験」「出会い」。

この3つです。

❶食

以前の私は、外食のときの判断基準が、「安くてお腹いっぱいになれる店」でした。

外食は、形に残らず消えるもの。

だから、とにかくお腹を満たせれば、それでいいや。

そう思って食べていた当時の記憶は、まったく残っていない……。

けれど、今はもっと外食にお金をかけるようになりました。

といっても身の丈は守りつつ、上限1000円の満腹系ランチが、コースランチ1500円にレベルアップしたようなイメージです。

それでも、食欲を満たすためだけの食事をするよりも堪能できるし、満足して記憶にも残る。

500円の違いは大きかった！　1・5倍ですもん。

そうしていたら、どんどん妥協できなくなっていき、1度の外食がプチ豪華になり、家族みんなで幸せな時間を過ごせるようになりました。

とはいえ、そこは一般ピープルゆえ、いつもひんぱんに豪華な外食をできるはずもなく、以前よりも外食の回数はグググッと減り、結果として**外食は特別なことになり、自然とお金も貯まるようになった**のです。

❷体験

少ないもので暮らすようになる前なら、「体験は記憶には残るけれど、それだけ。形には残らないから、もったいないやん」そう考えていました。

けれど、今は違う。

「形は一時的に残る。素晴らしい体験は一生残る」

本当にそう思ってます。

体験とは、参加すること。

対価を払って参加をすると、「楽しい時間を一緒に作って、いい1日にしよう」という、なんとも前向きな姿勢になれるのです。

だって大事な自分のお金ですもの。

こういう姿勢で体験にのぞむと、「経験値」と「学び」と「大きな満足」がごっそり手に入ります。

たしかに体験や経験は、形としては残らないし、体験チョイスをミスれば損をするイメージがあるかもしれない。

でも、そんなイメージを持ったままだと、本当に損するようにできているのです。

「お金払っているんだから、その分いい思いをさせて、得をさせてよ！」

と言っているのと同じことだもんね。

それって、すげー他力ですやん。

昔の私も、そんな感じでド偉そうに、「さあ、私を楽しませなさいよ」ぐらいに思っていました。

でも、今ならこう思います。

「自分から楽しむ努力をしない人が、楽しめるわけがない」

❸出会い

前の私だったら、何気ない「今度会いたいわぁ」という言葉には、（お金と時間と意欲がタイミングよく合えばね）なんて気持ちがこもっていました。

こんなふうでは、なかなか会えませんよね。

そもそも「会いに行こう」という気持ちが圧倒的に足りていない。

今の私には断言できます。

行動を起こすのが面倒くさくても、人に会うと、かならず大きな学びがあり、高い確率でドラマが生まれる、と。

だから、会いたい人には、お金を使ってでも会ったほうがいい。

それにさ。

「あのとき、会いに行っていれば……」なんて後悔は、長く引きずってしまう。

やっぱり会いたいときに会うのが1番。

ストレートに申せば、いつまでもその人が元気だとは限らない。

私は、コロナ以前は、新幹線に乗って1日丸々使っていろんな人に会いに行ってましたが、行ってよかった、しかない。

このように、「食」「体験」「出会い」。

形に残るものにこそ価値があると思っていた私は、ゆるミニマリストとなり、**形が残らないことに積極的にお金を使うようになりました。**

形が残るものにばっかりお金を使っていたころよりもずっと、今のほうが満たされて、幸せな毎日を過ごせています。

今は、無駄な出費がない自信がある。

まあ、といってもお金を使うわけだから、貯金はミニマルなままなんだけどね。

心を満たす「無駄なこと」にたっぷり時間を使う

最低限のものしか置かずにガラーンとした部屋だと、掃除も片付けもそんなに時間はかからないし、回数も減らせて、新しく時間を得ることができます。

そうやって得た時間に、何をしますか？

私は、私にとって必要な、でも世間的には「余計なこと」や「無駄なこと」をたくさんしたくて、ミニマリストになり、ものを減らしました。

私にとって必要な余計で無駄な時間とは、子どもとガチで人生ゲームをしたり、テレビを観ながら夫婦で晩酌をしたり、昼寝をしたり、漫画を読んだり、家族で新しいラーメン屋の発掘をしたり、友だちと集まって翌日の記憶に残らないどうでもいい話で盛り上がったり、ご近所さんと突発的に壮大な青空飲み会を開いたり……。

正直、なくても生きていける、世間的には無駄といわれることばっかり。

でもやっぱり、余計で無駄なことは、楽しいからやめられない。

結局、**私の暮らしや心を豊かにするのは、必要でない無駄なことばかりなんですよね〜。**

反対に、世間的には生きていくために必要とされていることが、私にとっては無駄なことです。

緻密に計算された食事だったり、工夫が施された掃除や片付けだったり、我慢を要する健康維持だったり、血のにじむような努力を積み重ねた節約だったり。

必要なのはわかりますが、ここに時間をかけたくありません。

ほどよくでいい。自分や家族が合格とするラインでいい。

今のところ、「かーさんはある意味自慢！」とほめてくれるから、これでかまいません。

「ある意味」って、なんや。言うてみい（手のひらでコロコロ転がされているだけな気もしてますけど）。

ものは少なめに。

けれど、大好きな人との余計で無駄な遊びは多めに。

これが信条です。

たこ焼き器は一度手ばなしたのに、やっぱりいる！　と買い直しました。
理由はやはり、「西の血」がたぎったから。それに尽きる。

ミニマルライフの8大メリット「総ざらい」

ここでは、これまで紹介してきたこと、紹介してこなかったミニマルライフのメリットをザーッとご紹介していきます。

❶行動力がアップして、動きも迅速になる

ものが多かったときは、家の中でものが見つからなくなってしまうことが度々ありました。

でも、今では「あれがないな。どこにやったんだろう？」がなくなりました。

万が一見つからなくても、「ここにないなら、ほかに探す場所がないし、捨てたんだろうな」と、次の行動にうつせるのです。

それに、ものが少ないと、物理的に何もよける必要がないから、行動が速くなります。

❷ 多くを欲さなくなり、心が穏やかになった

人間の欲望は限りなくて、1個買うとまた欲しくなるんですよね。

でも、ミニマリストになって、**新たに必要だと思うことがなくなり、全部足りていると感じるようになりました。**

物欲はMAXにある。けど、物欲にまみれていない自信がある。

今は、以前に比べてとても心が穏やかになったように感じています。

❸ 代用しようとするから、思考力がつく

ものが少ない分、今あるもので何とかしようと工夫することで、思考力が身につきます。

料理で特に多いのですが、**レシピを見て、必要な器具が家になくても、「うちのあれで代用できないかな」と考えたり。**

もちろん失敗もしますが、「あの器具は必要なのね」とか「もうこの料理は作るのはやめよう」とか学習になります。

ちなみにわが家は、料理器具が少ないなか料理をしていることで、鉄鍋でもフライパンでもお米を炊けるようになりました。

④掃除の時間がいらなくなる

障害物もないガラーンとした部屋は、掃除が楽勝。ものが多かったころと比べたら雲泥の差です。以前よりも確実に、掃除が好きになっています。

⑤整理の手間もいらない

冒頭で言いましたね。

整理とは、要不要の判断をして、いらないものを捨てること。

ものが多かったころは、いらないものに囲まれすぎていたからなのか、感覚が麻痺して、その判断がさっぱりできませんでした。

でも、今は即座に判断できるので、なんの手間もいりません。一つ言える真実は、これ。

多くのものが、大して重要ではありません。

⑥整頓が面倒でなくなる

整頓とは、ものを定位置に戻す作業のこと。

ものが多かったときは、いつも多くのものが住所不定で、あちこちに放置されていました。

でも、ものが少なくてガラーンとしていると、**収納術とか複雑な工夫とかルールとかなくても、そこに置くのみで問題がない。**

⑦心の余裕ができた

ある日、無印良品の靴下が3足790円と値下げしていました。以前ならレジで、「え！　3足買えば安いの？　ちょっと待っててもらっていいですか！」と、売り場に走って戻っていましたが……。

でも今は、不要な分はいらないので、買うのは2足だけ。

そこに何のためらいもなくなりました。

⑧人のせいにしなくなった

「私は家族のためにがんばって片付けてるのに！」

自分以外の誰かのためにやっていると思っていたときは、家族が私の思うように片付けてくれないと、こんなふうにどこかイライラして、見返りさえ求めてしまっていました。

でも、片付けがうまくいくようになってからは、「家族のため！」とかさっぱり言わなくなりました。

そして、片付けは自分のためと考えるようになったら、自然と何事も人のせいにしなくなったのです。

しかも、家族が自発的に片付けをしてくれるように変わりました。

今では、夫の情報が間違って情報迷子になっても、私が調べなかった責任もあると思えます。

息子が冷蔵庫に入っている私のプリンを強奪しても、「Myプリン宣言」をしていなかった私の責任だと思えるようになりました。心はいつも穏やかに……。

家族みんなが自分自身のことを最優先に考えて、仲良く楽しくやっているのがいいと感じています。

子どもたちには、自分の人生に集中してほしい……。

夫と私のことは心配いらんと思ってほしい。

依存されず、依存せず、がいい。

子どもたちは、私たちが深く思えば思うほど、無理に努力してその愛情を返そうとしてしまいます。

だから、彼らのための家事だとか、家族のための片付けだとか思っていたとしても、彼らにはわざわざ特別に伝える必要がないと思います。


……ハッ！

なんて熱い話をしてるんだ！

しかも話題脱線してるし！

きっとみなさんも、片付けを続けようと思っても、何度も失敗を繰り返してしまうことがあるはずです。私も何度も失敗しました。

でも、そんなときに、失敗を笑いにすり替えることができる家族がいたことが、とてもありがたかったなと思います。

贅沢一点。威風堂々。配置堂々。

でも、「人間関係」はミニマルにしない

「ものも人間関係も要不要を見極めて、本当に大事な人以外とは距離をとる」

このように考えるミニマリストの方をよく見ます。


私にも、子どもたちが赤ちゃんのころから付き合っている友達がいます。

以前はひんぱんに会って遊んでいたけれど、子どもが成長するにつれて、お互いに育児や仕事で多忙になってきて、価値観もどんどん違ってきました。

その友達とは、たまに安否確認のようにラインが送られてきて、突発的に「集まろう！」となり、いざ集まれば普段とは違うテンションで楽しい時間を過ごせます。

お店でコーヒーを何杯もおかわりして、みんなお腹を弱々にしてしまうこともしばしば。「命がけやん！」とツッコミどころ満載の時間ですが、そんなこともいとわな

いほど楽しい。

けれど、解散のときには、「また会えたらいいね」という程度で、次にいつ会うかを決めたりしません。

そうやって、また数カ月、数年後、突発的に集まるんだと思います。

私はそんな距離感に満足しています。

これぱかりは私の価値観なのでしょうが、**人間関係まで捨てなくても、合わない人とは自然に離れ、本当に大事な人とは、どれだけ離れていたってつながっていられる**と思います。

だから、あえて「人間関係も断捨離して、見極めよう」なんてことを、声を大にして言わなくてもいいのではないでしょうか。

ものやなくて、同じヒトやん。
ものやなくて、生きたヒトやん。

そう思います。

「人間関係もミニマル化する」と公言している人と付き合っていたら、いつか「いらーん」って言われるかもしれない。


そんなことを考えてしまって、まったく会話に集中できません。

それに、自分からそんなことを言っていたら、新しい出会いができにくい気がします。

やっぱり、人間関係をミニマル化なんて、あえて声を大にして言うことではないと思ってます。人間関係を整理する必要なんてない。


ひとりぼっちでやれたことなんて、これまでひとつもなかった私。

仕事でも遊びでも家でも外でも、いつも周りには人がいました。

そんな私があえて言うとしたら、真逆のこと。


「ひとりでも多くの人とつながりたいわ」

15年…。ミニマリストしてわかった暮らしに「本当に必要なもの」

夢を見ました。

さかのぼること15年前。引っ越し先となる夫の社宅を見に行った日の夢です。

当時の私は妊娠後期。お腹が大きくて、結婚や出産への不安を便利なもので埋めようとしていました。

また、いつも片付けられない、だらしのない自分を責めては、

「部屋が広くて収納がたくさんあれば、それでなんとかなるはず……」

そんなふうに考えていました。

夢の中で、３ＤＫの社宅を一緒に見て回っている夫が、なにやらブツブツつぶやいています。

「収納、結構少ないなあ。これで洋服とか荷物、全部入るのかな」

「ここがキッチンね……炊飯器とレンジとトースターとコーヒーメーカー、置けるかな」


あの頃の私なら、きっと彼の意見に同意していたはず。

それなのに、夢の中で私は夫に対して、

「炊飯器いらんよ、鍋があれば大丈夫。トースターは、メンテナスが面倒で大変だし、コーヒーメーカーもいらんよ」

「大きいベビーベッドもキャンセルしよう。バウンサーも、買うのやめよ、なんかいらん気がするねん」

「収納も、スペースに収まる分だけの荷物を持てばいいだけの話やし」

「まだ完全に契約してないよね？　あなたの会社に近い、小さくて狭い社宅にしようよ。スーパーもここは遠いし。広くて掃除できる自信がないし、ここじゃお金と体力の無駄が多すぎる！」

こんなことを、まさに夢中で訴えておりました。

たしかに、見に行った社宅は、スーパーから遠かったので、子を連れて通うのは大変だったし、当時の夫は毎日早くに家を出て、帰りも遅かった。

でも、当時の私にこんなこと、言えるはずがありません。

今だからわかります。

不安は、ものでは埋まりません。

私自身、備蓄がないと不安になる体質だった若かりし頃は、いくらものを持ったとしても足りている感覚は持てませんでした。

安心したくて、もので不安を埋めようとすると、「管理できない」「片付かない」「掃除しない」という別の問題を新たに生んでしまう。

何回もそんな経験をしています。

本当に暮らしに必要なものって、案外種類も数も少ない。

暮らしに必要なのって、ものじゃなくて、きっと時間とか笑い声。


そう思います。

ただし……15年前の私にそう伝えて、わかってくれるかどうか……わかってくれへんやろな。

自信のなさから、ものすごい勢いで歯向かってきそう（笑）。

今、あの頃を思い出すと、あれはあれでとても良い経験で、あの頃の苦しさがあるから今があるんだなと思います。

後悔はしていません。

あの頃の自分もひっくるめて、今の自分。

過去の自分を受け入れることは、今の自分を肯定するということ。

もしかしたら、過去を後悔してる人って、今が幸せじゃないのかもしれません。


長い間、私がそうだったみたいに。

おわりに

結論、「片付けの極意」はどこにある？

今、こうやって、誰かに片付けのことを偉そうに語ってる自分に、驚きと恥ずかしさでいっぱいです。

私は、長い間、「片付けられない人生」を送ってきました。

27歳まで、「片付いていない空間」でずっと暮らしてきたのです。

当時は、雑誌やネットでありとあらゆる「片付けの極意」を求め、読みあさりました。

どうすれば片付けられるかが、さっぱりわからない。

何から、どれを、どうしたらいいのか、全然わからない。

片付けができる人の感覚が、さっぱり理解できない。

何がわからないかと問われても、何がわからないかも、わからない。

その状態で他人の、しかも「できる人」のやり方を、ただただマネしたところで、うまくいくわけがありません。

今振り返って、大反省。

この本を読んで、「なんだ、片付けの具体的なやり方なんて、少ししか書いてないじゃないか」なんて思われた方もいるはず。

でも、それはあえて。

いろいろ書いてきたけれど、私がイチバン言いたいことはこんなことだから。


片付け方は、誰かに決められるものじゃない。

自分のやり方は、自分で決める。


これに気づいてからは、自分のやり方しかやってません。

もし、あなたの片付け方が他人にどうこう言われたら、こう思いましょう。


「自分にとって正解だったら、自分のやり方でいい」

なぜ、片付け本を持っている人ほど、片付けられないのか？
それは、自分なりの答えを求めずして、他人が出した答えを欲しがるから。

あなたにはあなたの
やり方がある。
私には私のやり方がある。
正当なやり方、正しいやり方、
唯一のやり方、
そんなものは存在しない。

私のやり方は、私のやり方。
あなたのやり方は？
偉大なるニーチェの言葉の元に、あなたのやり方を見つけてください。
安易に答えを求めるのではなく、その道のりを楽しむ。
「片付けの極意」は、たぶん、いやきっと、そこにあります。

阪口ゆうこ（さかぐち・ゆうこ）

1981年生まれ。

月間平均250万PV超の片付けブログ『HOMEbyREFRESHERS』管理人、整えアドバイザー。

根っからのズボラ気質のため、生まれてこのかた「片付けられない人生」を歩んできており、「一生私はカオス部屋に住むのだ」とやさぐれていた。しかし、とあることから「ゆるミニマリスト」に転身、片付けのトライアンドエラーを繰り返した結果、自身の「ものの適正量」と「本当に必要なもの」を把握、片付けの労力と時間を劇的に減らすことに成功した。

2014年にスタートした同ブログでは、「片付けられない自分」を責めてしまうマジメすぎる人に、「ハードルをぺったぺたに下げた」片付けマインドや方法をつづる。かざらないその内容は共感の嵐を生み、日本ブログ村のランキングでは「総合1位」の常連となる。

著書に『家族がいちばん。だから、きちんと選べる。きちんと使える。ゆるミニマルのススメ』（日本文芸社）、『「ひとり力」のある暮らしかた』（明日香出版社）。

○編集・執筆協力　岩崎輝央
○撮影　吉岡啓二
○装丁　安賀裕子
○校正　本創ひとみ
○編集　荒川三郎

片付《かたづ》けは減《へ》らすが9割《わり》
ゆるミニマリストが教《おし》える がんばらない整理術《せいりじゅつ》

2020年 9月25日　初版発行
2020年11月 6日　3刷発行

著者　阪口ゆうこ
発行者　和田智明
発行所　株式会社 ぱる出版

〒160-0011　東京都新宿区若葉1-9-16
03（3353）2835—代表　03（3353）2826—FAX
03（3353）3679—編集
振替　東京 00100-3-131586
印刷・製本　中央精版印刷(株)

ISBN978-4-8272-1248-8 C0077